ÍNDICE

ÁLVARO TORMO

¿OSAS DE CHICOS

DESCUBRE TODAS LAS FORMAS DE SER TÚ

MOLINO

Papel certificado por el Forest Stewardship Council®

Primera edición: mayo de 2026

© 2026, Álvaro Tormo Rodríguez, por el texto
© 2026, Penguin Random House Grupo Editorial, S. A. U.
Travessera de Gràcia, 47-49. 08021 Barcelona
© 2026, @Loopy Teller Studio, por las ilustraciones
Diseño del interior: Penguin Random House Grupo Editorial / Angie Izquierdo

Printed in Spain – Impreso en España

ISBN: 978-84-272-5623-1
Depósito legal: B-4.276-2026

Compuesto por Juan Carlos Bermudo
Impreso en Gómez Aparicio, S. L.
Casarrubuelos (Madrid)

MO 56231

1

¿QUIÉN SOY COMO CHICO?

Capítulo 1

Los chicos son así

«LOS CHICOS TIENEN QUE SER TODOS IGUALES».

«Los chicos no lloran».
«Los chicos tienen que ser fuertes y aguantar».
«Los chicos tienen que ser valientes y arriesgarse».
«Un chico de verdad siempre quiere tener novia».
«Los chicos buenos siempre se portan bien».

Hay un montón de mensajes que nos rodean todo el tiempo sobre cómo tenemos que ser y qué tenemos que hacer para ser un chico. Es una especie de manual que nos lanzan para que aprendamos cómo tenemos que comportarnos, qué tenemos que pensar y cómo tenemos que actuar, porque somos chicos y los chicos son de una cierta manera. Pero ¿alguna vez te has parado a pensar qué significa **en realidad** ser un chico? ¿Crees que hay una sola manera de serlo?

PARA ENTENDERLO MEJOR...

Piensa en ese chico de tu colegio al que todo el mundo admira. ¿Alguna vez te han dicho que tienes que parecerte a él?

Si te fijas, seguro que se parece a esos hombres que vemos todo el rato en las películas. O puede que sea como esos deportistas famosos que tu padre y sus amigos halagan tanto. Estoy seguro de que los has visto en la tele, en casa, en el móvil, en el cole o incluso en los videojuegos. A esos hombres

8

siempre les sale todo bien, superan las dificultades y hacen una entrada triunfal como verdaderos héroes. Siempre consiguen que una chica les haga caso y se muestran fuertes ante cualquier adversidad. No le temen a nada, no pierden nunca y todo el mundo los adora.

¿Cómo no vamos a querer ser como ellos?

Pero espera un momento. ¿Es verdad que todos los chicos son siempre valientes? ¿O que ninguno llora nunca? ¿O que absolutamente todos aman los deportes y odian las muñecas?

¿A todos les sale todo bien y siempre ganan?

Seguro que no. Porque, si miras a tu alrededor, verás que cada chico es distinto. Unos son muy altos, otros son más bajos. Unos son habladores, otros son más callados. Unos son de risa fácil, otros son de carácter serio. Probablemente, a veces muchos lloran o se equivocan, algunos van a necesitar ayuda en algún momento y otros en ocasiones pierden. Y no pasa nada por que sea así. ¡Es lo más normal del mundo!

Pues lo mismo ocurre con las emociones, con los gustos y con la forma de ser. Seguro que hay chicos en tu clase que pintan o bailan genial y otros a los que les encanta compartir y ver películas de risa o de amor.

Entonces, ¿por qué parece que existe una especie de camiseta invisible con la etiqueta «chico» que todos deberíamos ponernos? No digo que sea fea, pero **¿y si no nos viene o nos gusta otra?** El problema es que esa camiseta es talla única. Y, si te queda bien, genial. Pero si te aprieta, te incomoda o no te encaja, empiezas a pensar que hay algo raro en ti.

Aunque no sea cierto.

Nadie debería sentirse incómodo en su propia piel solo por no cumplir un estereotipo.

RECETA DEL CHICO PERFECTO (SEGÚN ALGUNOS)

Ingredientes:

- 2 cucharadas bien colmadas de fuerza física
- 1 vaso entero de silencio (nada de llorar ni hablar de emociones)
- 3 cucharadas de fútbol, baloncesto o algún otro deporte «muy masculino»
- 1 pizca de broncas o peleas para «defenderse como un hombre»
- ¡Y nada, absolutamente nada, de cosas «de niñas»!

Resultado:

Imagina que te dijeran que existe una **receta mágica** para ser un «chico de verdad». Como si fueras a cocinar un bizcocho o una pizza en casa. ¿Qué te parece? Suena absurdo, ¿no? Pues a veces el mundo actúa como si esa receta existiera.

Las instrucciones parecen claras: si quieres ser aceptado como «un chico de verdad», tienes que seguirlas al pie de la letra. Pero aquí viene el gran problema: **esa receta no funciona para todos.** ¿Y los chicos que no cumplen esos requisitos? ¿Significa que no son chicos de verdad? ¡Claro que no!

Porque cada chico es un mundo. Algunos tienen mucha fuerza física, otros son muy sensibles y saben escuchar. Algunos disfrutan de los deportes; otros prefieren leer, dibujar, cantar, coleccionar cromos o aprender trucos de magia. Algunos lloran cuando están tristes, otros se enfadan, otros prefieren hablar de sus emociones. Y todo eso es válido.

LO QUE LE PASÓ A DANI

Dani estaba en el recreo y no sabía a qué jugar. En una esquina, un grupo de niñas hacía pulseras de colores y él sintió curiosidad. Tenía ganas de probarlo, aunque nunca lo había hecho. Cuando empezó a acercarse a ellas, dos compañeros lo vieron y se rieron: «¡Eso es de niñas!». Dani sintió un nudo en el estómago. Le gustaba la idea de hacer esas pulseras, pero temía que se rieran de él y dudó en seguir.

Respiró hondo y decidió hacerlo de todos modos. Se sentó, le explicaron cómo se hacía y, aunque al principio le salió regular, terminó una pulsera bonita que quiso regalarle a su padre. La profesora lo felicitó y él se sintió orgulloso. Al día siguiente, su padre llevó la pulsera al cole cuando fue a buscar a su hijo y varios adultos comentaron lo original que era. Algunos niños, al verlo, también se animaron a probar a hacer pulseras.

A veces, ser uno mismo abre caminos que otros todavía no se atreven a cruzar.

MI MANERA PREFERIDA DE EXPLICARLO
LA CAJA DE HERRAMIENTAS

Imagina que tienes una caja enorme que está llena de herramientas. La abres y ves de todo: martillos, llaves inglesas, destornilladores, cinta, pegamento, alicates, brochas, linternas... Un día le preguntas a tu madre: «Mamá, ¿cuál es la mejor herramienta?». Ella sonríe y te dice: «Depende, no hay una mejor que otra. Cada una sirve para algo distinto. Lo importante es **saber cuál necesitas en cada momento**».

Ser un chico consiste en tener muchas herramientas en esa caja y saber cuándo usar cada una. Por ejemplo:

- A veces necesitas el martillo (fuerza).
- Otras veces, el pegamento (un abrazo).
- Otras, el destornillador (paciencia).
- Y otras, simplemente, una linterna para iluminar y escuchar a alguien que lo está pasando mal (empatía).

Cuantas más herramientas tengas y sepas usar, más preparado estarás para todo lo que te suceda en la vida. Lo más importante es saber que no eres menos chico por usar todas tus herramientas. **Eres más tú.**

QUÉDATE CON ESTO

1. No hay una sola forma de ser chico.
2. No hace falta ser el más fuerte ni el más valiente ni al que mejor se le den los deportes.
3. Ser chico también es tener miedo, emocionarse, jugar a lo que te gusta y hablar de lo que sientes.
4. La verdadera valentía no está en seguir la receta que otros quieren cocinar para ti, está en ser tú mismo.
5. Tienes un montón de herramientas únicas, ¡úsalas!
6. Recuerda que tienes un ingrediente secreto y único que nadie más tiene.

Cuida todas tus herramientas. Cada uno tiene algo que lo hace único.

¿PASAMOS A LA PRÁCTICA?
CREA TU CAJA DE HERRAMIENTAS

Para un momento y contesta a estas preguntas.

Escribir nos ayuda a conocernos un poquito mejor. ¿Lo probamos?

¿Te han dicho alguna vez que algo que te gusta «no es de chicos»?

_____

¿Alguna vez te has aguantado las lágrimas para que no se rieran de ti?

_____

¿Cómo te sentiste? ¿Qué hiciste?

_____

¿Qué cosas te hacen sentir bien siendo tú mismo independientemente de lo que digan los demás?

_____

¿Crees que ser valiente también es poder decir **«no quiero»** o **«tengo miedo»**?

_____

De las herramientas que tienes en tu propia caja, ¿cuál es tu favorita? ¿Hay alguna que te gustaría añadir?

_____

A continuación, coge tu material de dibujo preferido, porque te toca crear tu caja de herramientas personal.

1. Dibuja la silueta de tu caja de herramientas. Puede tener la forma y el tamaño que quieras.
2. Dentro, escribe palabras que te representen: valiente, alegre, sensible, creativo, tranquilo, curioso, fuerte, cariñoso...
3. Puedes inventar tus propias herramientas con nombres divertidos: «la linterna de la empatía», «el pegamento de la amistad», «la lupa de la curiosidad»...

RECUERDA:
Nadie tiene una caja de herramientas igual que la de otra persona. ¡Y eso es lo que la hace especial!

Ahora, si te apetece, puedes compartir tu dibujo con alguien de confianza. ¿Le pedirías a esa persona que también dibuje su caja de herramientas? Si las comparáis, descubrirás que las cajas de los demás también son únicas y que eso es lo que hace que cada persona sea diferente y valiosa.

Ahora que ya hemos descubierto que no existe una única forma de ser chico y que cada uno tiene su propia caja de herramientas, es el momento de mirar algo que nos afecta sin que apenas nos demos cuenta: esas ideas que la gente no hace más que repetir para meternos a todos en el mismo molde.

En el siguiente capítulo veremos de dónde vienen esas ideas, por qué son tan fuertes y cómo podemos romperlas.

Capítulo 2

Los estereotipos son un rollo

«HAY COSAS DE CHICOS Y COSAS DE CHICAS; CADA UNO A LO SUYO».

Muchas ideas preconcebidas sobre chicos y chicas se repiten tanto que empiezan a sonar como reglas universales…, aunque no lo sean. A veces nos hacen dudar de lo que nos gusta o de cómo queremos comportarnos.

Aquí descubrirás de dónde vienen esas normas invisibles y cómo puedes romperlas sin miedo. **Recuerda: tienes derecho a elegir cómo quieres ser.**

¿QUÉ SON LOS ESTEREOTIPOS?

Son ideas o frases que se repiten tanto que mucha gente cree que son verdad, aunque no lo sean. Por ejemplo:

- «Las niñas son delicadas».
- «Los niños son fuertes».
- «Las niñas juegan con muñecas».
- «Los niños juegan con coches».

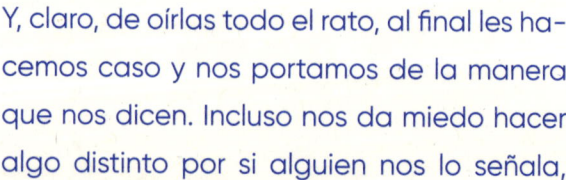

Y, claro, de oírlas todo el rato, al final les hacemos caso y nos portamos de la manera que nos dicen. Incluso nos da miedo hacer algo distinto por si alguien nos lo señala, pero… ¿a ti te gusta lo mismo que al resto de los chicos? ¿Y a todas las niñas les gustan las mismas cosas? ¡Claro que no! Porque cada persona es **diferente**.

PARA ENTENDERLO MEJOR...

Los estereotipos son como moldes en los que nos quieren meter. Y todos esos moldes son cuadrados, más grandes o más pequeños. El problema viene cuando a mí a veces me gusta ser un círculo o, incluso otras, un triángulo.

Es entonces cuando no encajas en ese molde cuadrado que algunos se burlan u otros te dicen que cambies. Ahí, sin darte cuenta, puedes empezar a sentirte mal contigo mismo. Y en el día a día existen muchos ejemplos:

- Si te gusta el rosa, te dicen que «eso es de niñas».
- Si lloras, te dicen que «eres débil».
- Si no te gusta pelear, te dicen que «eres un blando».

¡Eso es injusto! Todos los niños deberíamos poder elegir el color que nos guste, llorar si lo necesitamos y decidir no pelearnos para resolver las cosas porque nos hace sentir mal (la violencia no soluciona nada, por cierto).

NO TE PREOCUPES SI ALGUIEN TE DICE UNA DE ESTAS FRASES

Cuando alguien te dice algo así es porque a él también se lo dijeron cuando era pequeño.

Quizá porque pensaban que así lo protegerían. No buscaban hacer daño con esto.

A veces las personas no somos perfectas y tenemos miedo de que alguien nos pueda herir. Los demás quieren protegernos y nos repiten que hagamos todas esas cosas que a ellos siempre les dijeron que debían hacer para estar bien. Pero el mundo ha cambiado y ya no tenemos que estar haciendo siempre lo mismo.

Parece que estas personas tienen estos moldes cuadrados en la cabeza y, al ver que alguien actúa diferente, les da miedo que pueda ocurrir algo. Es así de sencillo.

Si alguna de estas personas te hace uno de estos comentarios, no te enfades ni te pelees con ella, pero tampoco tengas miedo a **hacer lo que a ti te gusta**. Simplemente contéstale: «No hay cosas de chicos y cosas de chicas, a mí me gusta hacerlo a mi manera».

IMPORTANTE: ¡Una cosa sí que tenemos que tener clara!

Nadie debería tratarte mal o meterse contigo por ser tú mismo. Así que, si eso está pasando y sientes que se escapa un poco de tu caja de herramientas particular, **NO DUDES EN PEDIR AYUDA**.

EL GRAN LIBRO DE ESTEREOTIPOS DE LOS CHICOS

Algunas personas creen que existe un manual secreto que dicta cómo debe comportarse un chico de verdad. Como si hubiera una especie de ley que dijera qué puedes y qué no puedes hacer.

Este libro imaginario contiene normas tan estrictas que a todos nos aprietan un poco:

1. Los chicos no lloran. Nunca. Ni aunque se caigan de la bici, ni aunque pierdan a su perro, ni aunque se sientan tristes.
2. Los chicos tienen que jugar al fútbol (o, al menos, a algún deporte considerado masculino). Si no, se les retirará el carnet de chico.
3. Los chicos no pueden tener miedo. Ni a las arañas, ni a la oscuridad, ni a nada.
4. Los chicos no pueden jugar con muñecas ni con cosas que se consideren «de chicas». **¡Eso está prohibidísimo!**
5. Los chicos deben ser fuertes. Siempre. Nunca deben pedir ayuda ni mostrarse vulnerables.
6. Si otro chico te reta, debes pelear. Porque «los hombres se defienden con los puños».
7. Y la regla más absurda: **¡no se habla de estas reglas!**

Pero te voy a decir la verdad: ese manual es ficticio y los chicos no tenemos que ser así, aunque tú veas que estos estereotipos te rodean todo el rato. Si quieres hacer algo diferente, **puedes hacerlo**.

Ahora tienes el poder de reconocer y desmontar estos mitos. Así podrás ser como te gustaría ser. Además, te voy a contar otro secreto: no pasa absolutamente nada cuando incumples esas normas absurdas. De hecho, hasta te lo pasas **genial**.

LO QUE LE PASÓ A YOUSEFF

Youseff fue a una fiesta de disfraces vestido de unicornio. Se puso una capa brillante y un cuerno dorado. Había leído en su libro favorito cómo eran los unicornios y estuvo pensando toda la tarde cómo podría disfrazarse de uno. En su libro, el unicornio era amigo de todos y participaba en el grupo ayudando a los demás. Youseff estaba deseando vestirse de él. Estaba feliz... hasta que algunos compañeros se burlaron de él:

—¡Eso es de niñas! ¿No podías haber venido de ninja o de guerrero?

Youseff bajó la cabeza y empezó a sentir un nudo en el pecho y en la garganta. Hasta los ojos se le pusieron algo vidriosos y casi le pidió a su padre que lo ayudase a quitarse el disfraz. Pero, entonces, su amigo Lucas le dijo:

—¡Estás genial! Yo también quería venir de unicornio. Me encantan desde que empecé a leerme un libro sobre ellos.

Y otro niño, Leo, añadió:

—¡A mí me gusta más tu disfraz que mi capa de superhéroe! Cuando fuimos a la tienda, mi madre solo veía trajes de superhéroe y tuvimos que coger uno. Pero yo quería disfrazarme de otra cosa.

Esos comentarios tranquilizaron bastante a Youseff. A muchos niños les encantaba su disfraz de unicornio y puede que a otros no, pero esa era solo su opinión y él no tenía que cambiar sus gustos por ellos.

En ese momento, Youseff decidió ser valiente y les contó a Leo y a Lucas de dónde había sacado la idea. ¿Y sabes qué? Lucas se estaba leyendo el mismo libro que Youseff y se pasaron toda la fiesta de disfraces hablando de él.

Incluso algunos de los chicos que le dijeron que tendría que haberse disfrazado de ninja o de guerrero se interesaron por la historia. A Leo, en cambio, no le gustó mucho lo que le contaron del libro, la verdad, pero se quedó tranquilo escuchándolos, pues, como decíamos antes, a cada uno le gustan unas cosas.

A veces todo cambia cuando alguien se atreve a decir: **«¡A mí también me gusta!»**. Por eso, si alguna vez ves que critican a alguien por ser como quiere ser, decirlo puede ayudarle mucho a no sentirse solo.

¿Y SI CUMPLO LOS ESTEREOTIPOS?

¡Tampoco pasa absolutamente nada por cumplir los estereotipos! A algunos chicos se les da genial jugar al fútbol, son fuertes y rápidos y tienen un montón de juguetes de guerreros y coches que les encantan. Como decíamos antes, se trata de que cada uno pueda jugar a lo que quiera y **disfrute de ser tal y como es**. Y, lo más importante, que dejemos que las otras personas sean como quieran ser.

Además, el mundo tiene muchísima variedad, imagínatelo como una caja de colores infinita. Se trata de descubrir también el resto de los colores para entenderlos mejor. Vamos, que puede que no te guste el traje de unicornio y seas superfeliz con tu traje de vikingo, pero muestra interés por saber por qué a tu amigo le gustan los unicornios y diviértete conociéndolo. Estoy seguro de que él hará lo mismo con tu disfraz de vikingo. En el mundo hay espacio para todos.

IMPORTANTE: ¡Ah! Casi no lo digo, pero tampoco se tiene que meter nadie contigo si te gustan los guerreros. Igual que tú eres consciente de que hay niños que disfrutan con otras cosas, los demás deben ser conscientes de que tus gustos son igual de importantes.

MI MANERA PREFERIDA DE EXPLICARLO
EL VIDEOJUEGO DE LOS ESTEREOTIPOS

Imagina que la vida fuera como un videojuego. Pero... ¡con trampa! Porque este juego solo tiene **reglas muy estrictas** para los chicos, unas reglas tan antiguas que nadie se acuerda de quién las puso. Estas reglas dicen cómo debe ser un chico y debes cumplirlas, aunque no las hayas elegido tú.

Pantalla 1: personaje único

Cuando entras al juego, **solo puedes elegir uno de estos personajes**:

- El fuerte.
- El valiente.

- El deportista.
- El serio.
- El que nunca llora.

Y encima no te deja cambiarle la *skin*; nada de colores diferentes ni accesorios nuevos. Todo gris y aburrido.

Pantalla 2: misiones limitadas

El juego solo tiene estas pocas misiones:

- Ganar una pelea.
- Ser el número uno en deportes.
- Rescatar a alguien como héroe.
- Aguantar sin mostrar emociones.

El juego ofrece misiones secretas (crear, bailar, imaginar, cuidar, escuchar...), pero no puedes escogerlas porque no aparecen en el menú. Para seleccionarlas, debes desbloquear la pantalla.

Pantalla 3: poderes bloqueados

Algunos poderes increíbles también están bloqueados:

- Empatía.
- Creatividad.
- Sensibilidad.

- Pedir ayuda.
- Hablar de lo que sientes.

El juego dice que «no son de chicos», pero la verdad es que son poderes reales que tú sí puedes desbloquear si te atreves a romper las reglas falsas.

Pantalla 4: el chat tóxico

Si te atreves a desbloquear las pantallas y romper las reglas del juego, otros personajes te critican:

- «¡Eso no es de chicos!».
- «¡Juega como un hombre!».
- «¡Pareces raro!».

El reto es **seguir jugando a tu manera**, aunque en el chat te digan lo contrario.

Pantalla 5: el final alternativo

Si sigues siempre las reglas predeterminadas, el juego **acaba igual**, una y otra vez: una partida gris, aburrida, repetitiva, sin sorpresas. Pero, si te atreves a **romper las nor-**

mas, descubres mundos secretos llenos de colores, personajes nuevos, poderes reales y misiones increíbles. ¡El juego se vuelve infinito y mucho más divertido!

QUÉDATE CON ESTO

«Si tu vida fuera un videojuego, ¿qué misión secreta y qué poder te gustaría desbloquear?».

Los estereotipos intentan decirte cómo debes ser. Pero tú puedes decidir quién eres. No hay una forma única de ser chico ni una forma única de ser tú.

Ser diferente no es malo: es valioso.

MODO REFLEXIÓN ACTIVADO

- ¿Alguna vez te han dicho que algo que te gusta es «de niñas»?
- ¿Has dejado de hacer algo que te gustaba por lo que han dicho los demás?

- ¿Te has reído alguna vez de alguien porque hacía algo que se considera raro o diferente?
- ¿Cómo crees que se sintió esa persona?

¿PASAMOS A LA PRÁCTICA?
EL MANUAL ANTIESTEREOTIPOS

Crea tu **manual antiestereotipos** como si fueras quien rediseña las reglas del videojuego de la vida.

1. Portada: escribe el título y dibuja algo que te represente, pueden ser tus colores favoritos, tus aficiones o lo que más te guste.
2. Reglas nuevas: en cada página, escribe una frase que rompa un estereotipo.
   - «Los chicos pueden llorar y eso está bien».
   - «Pedir ayuda también es ser valiente».
   - «Ser diferente es un superpoder».
3. Dibuja cada regla con humor y creatividad. Por ejemplo:
   - Un superhéroe que llora lágrimas arcoíris mientras salva el mundo.
   - Un dragón rosa que juega al fútbol mientras pinta cuadros.
4. Comparte: enséñale tu manual a alguien y descubre que cada persona escribe el suyo propio.

Ya sabes que los estereotipos funcionan como reglas que nadie ha escrito, aunque todos hemos escuchado. Pero ¿qué pasa cuando esas reglas empiezan a hacernos daño o a obligarnos a actuar como no queremos?

Ahí aparece algo importante que necesitamos entender: la masculinidad tradicional. Vamos a descubrir qué es, cómo funciona y por qué no tiene nada que ver con ser un buen chico.

Capítulo 3

¿Masculinidad tradicional?

¿Qué es eso?

«SI QUIERES QUE TE RESPETEN, TIENES QUE COMPORTARTE COMO UN HOMBRE DE VERDAD».

Hay momentos en los que algunos chicos sienten que deben demostrar algo todo el tiempo: ser más fuertes, más valientes o más duros que los demás.

Esa presión puede hacer mucho daño por dentro.

En este capítulo veremos qué es exactamente esa idea equivocada de ser chico y qué puedes hacer para liberarte de ella.

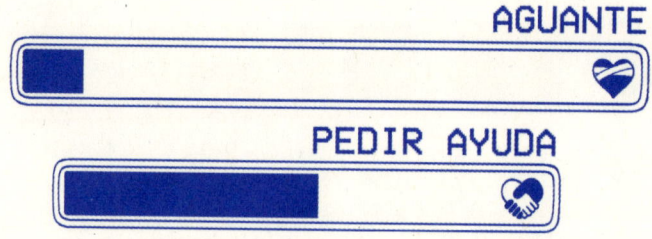

SI TODOS TUVIERAN TU MANUAL, ¿CÓMO SERÍA EL MUNDO?

A veces los chicos sienten que tienen que demostrar todo el rato que son «muy hombres». Puede que parezca algo bueno, una especie de reto o una señal de seguridad, pero deja de ser sano cuando significa no poder ser uno mismo, hacer daño a otras personas u ocultar lo que sientes.

A eso se le llama «masculinidad tradicional». Es una **idea equivocada de lo que significa ser chico**, que termina haciéndote daño a ti y también a las personas que te rodean.

No es que ser chico sea algo malo, ¡para nada! Lo que está mal son esas normas invisibles que te dicen cómo debes actuar todo el tiempo, aunque no tenga sentido. Estas normas son como cadenas que se van haciendo cada vez más pesadas si las cumples sin cuestionarlas.

¿CÓMO FUNCIONA LA MASCULINIDAD TRADICIONAL?

Es como si alguien te diera un papel en una obra de teatro y te obligara a interpretar siempre el mismo personaje, independientemente de cómo eres en realidad. Este personaje debe seguir estas normas al pie de la letra:

- «Tienes que ser el líder siempre, aunque no quieras».
- «Si alguien se equivoca, ríete de él para que no se rían de ti».

- «Debes tener muchas novias para que los demás te respeten».
- «Tienes que ser el más atrevido, aunque te dé miedo».
- «Si tu amigo está triste, ignóralo, no lo consueles».
- «Ganar es lo más importante, aunque sea haciendo trampas».

Al principio parece un juego: haces lo que esperan de ti y recibes aplausos y risas. Pero con el tiempo te das cuenta de que no puedes salirte del papel. Y eso empieza a doler, pues significa renunciar a lo que de verdad te gusta o piensas.

¿DÓNDE APARECEN ESTAS IDEAS?

Piensa un momento en todo lo que ves y escuchas cada día: en la tele, en los dibujos animados, en los videojuegos, en las canciones, en las redes sociales... A veces, sin darte cuenta, esos mensajes se te van colando en la cabeza.

- En algunas películas, el protagonista es siempre el chico valiente que pelea y manda, mientras que el que tiene dudas es el torpe o el cobarde.
- En ciertos videojuegos, solamente puedes elegir personajes masculinos que luchan, pelean o conquistan, como si no hubiera otras formas de ser un héroe.

- En las redes sociales, algunos *influencers* se graban presumiendo de dinero, de chicas o de peleas, como si eso fuera lo más importante en la vida.
- En algunas canciones se escuchan letras que tratan a las chicas como trofeos o que dicen que un chico tiene que ser el más duro y atrevido.

La próxima vez que veas algo así, pregúntate: «¿De verdad todos los chicos tienen que ser así? ¿Eso me hace sentir bien o me limita?».

PEQUEÑAS SITUACIONES DEL DÍA A DÍA

La masculinidad tradicional no aparece solo en las películas, los videojuegos, las redes sociales o las canciones, sino que también aparece en momentos aparentemente pequeños de la vida:

- Cuando un amigo se cae y otro, en lugar de preguntarle si está bien, se ríe para parecer guay.
- Cuando un chico dice que quiere aprender a cocinar y le contestan: «Eso es de chicas».
- Cuando en el patio un chico quiere jugar a otra cosa que no sea fútbol y lo llaman «raro».

- Cuando un chico presume de tener muchas novias solo porque piensa que así lo respetarán más.

Estos gestos parecen normales porque los vemos muy a menudo, pero **suman presión**. Cada frase o burla es como un ladrillo más que se coloca sobre ti y, con el tiempo, estos pesan demasiado.

LO QUE LE PASÓ A SERGIO

Sergio estaba en el patio cuando un niño más pequeño se tropezó con él sin querer. Antes de que él pudiera decir nada, sus amigos comenzaron a gritar:

—¡Eh, Sergio! ¡Te ha empujado! ¿Vas a dejar que te gane?

Sergio no quería pegar a nadie, pero de repente todos lo estaban mirando. Algunos insistían:

—¡Si no haces nada, eres un gallina!

Sergio sintió un nudo en el estómago.

No estaba enfadado por el tropezón, sino por lo que los demás iban a pensar de él. Al final, acabó empujando al niño..., aunque en realidad no quería hacerlo.

Después, Sergio se sintió fatal. No por perder o ganar, sino por actuar así. A veces, los chicos hacen cosas que no quieren solo para que no los llamen débiles o raros.

Pero piensa en esto: ¿no es más valiente decir en voz alta «No quiero pelear» que golpear a alguien solo por presión social?

EL PERSONAJE PREDEFINIDO DEL VIDEOJUEGO

¿Recuerdas el videojuego de los estereotipos? Era aquel que, nada más entrar, te obliga a usar siempre el mismo personaje. Es fuerte, valiente, no tiene miedo, nunca se pone triste y no hay posibilidad de cambiarle la *skin*. Parece que ese es el único chico «válido». Además, el juego trae misiones obligatorias:

- Ganar siempre.
- No pedir ayuda.
- No mostrar emociones.
- Reírse del que falla.
- Aceptar cualquier reto.

Si no cumples estas misiones, pierdes puntos.

A veces no te das ni cuenta, pero sigues estas reglas porque parece que todos las cumplen. Es como si el juego tuviera un mando invisible que te hace actuar sin pensar: finge valentía, compite, presume, ignora lo que sientes.

Pero ese mando no es real. Puedes apagarlo y elegir tu verdadero personaje: uno que también tiene poderes como la empatía, la calma, la creatividad o la sensibilidad. Cuando lo haces, el juego cambia: los niveles se llenan de colores, aparecen nuevas misiones y otros jugadores también se atreven a soltar el personaje predeterminado.

La masculinidad tradicional funciona así: como un personaje predefinido que no has elegido tú. Ser tú mismo es la forma de hackear el juego.

¿QUÉ PASA CUANDO DESCONECTAS EL MANDO?

Cuando decides apagar el mando, al principio algunas personas pueden sorprenderse o incluso enfadarse. Tal vez te digan:

- «¿Por qué no haces lo mismo que todos los demás?».
- «Eso no es de chicos».

Pero, poco a poco, muchos se darán cuenta de que **ser auténtico es contagioso**. Cuando uno se atreve a quitarse la presión de los demás y caminar por sí mismo, otros se animan a hacerlo también. Así, en lugar de un grupo de robots que repiten siempre lo mismo, tendrás un grupo de amigos diferentes, con gustos y personalidades únicas.

Piensa en lo aburrido que sería un mundo donde todos se vistieran igual, hablaran igual y pensaran igual. Lo divertido es que cada persona pueda aportar algo distinto.

QUÉDATE CON ESTO

La masculinidad tradicional es como dejar que otros tengan un mando que controla tu vida. Te obliga a actuar como un robot, sin pensar en lo que de verdad quieres o necesitas.

Ser chico no significa mandar, presumir o burlarte de los demás. Significa elegir quién eres, respetarte a ti mismo y respetar a los otros. **No hay nada más valiente que ser tú mismo sin hacerle daño a nadie.**

- ¿Alguna vez has hecho algo que no querías hacer solo para que los demás te aceptaran?
- ¿Has visto a alguien burlarse de otro porque no hacía lo que consideraba correcto para ser un chico?
- De los mensajes o frases que escuchas a menudo, ¿cuáles sientes que te presionan?
- Si tuvieras el mando de tu vida, ¿qué botón apagarías primero para sentirte libre?

¿PASAMOS A LA PRÁCTICA?
DISEÑA TU PROPIO MANDO

Coge una hoja o una cartulina y divide el espacio en dos personajes:

- El personaje predefinido del videojuego (el que el juego te obligaría a usar).
- Tu personaje real, el que tú sí elegirías.

Debajo de cada uno, escribe:

- Sus poderes.
- Sus miedos.
- Sus herramientas.
- Sus misiones reales o inventadas.

Por último, escribe una frase que te gustaría usar para hackear el juego, por ejemplo: «Apago el mando y juego siendo yo».

EXTRA PARA CLASE

Si estás en clase, podéis juntar todos los mandos que habéis dibujado en una mesa y ver que cada uno tiene botones diferentes. Será la prueba de que no hay una única forma de ser chico.

Cuando intentamos seguir todas esas normas invisibles que dicen cómo debe comportarse un chico, lo primero que se esconden son nuestras emociones. Por eso ahora vamos a hablar de un tema esencial: las emociones también son cosa de chicos y entender cómo funcionan puede cambiarlo todo.

2

LO QUE SIENTO TAMBIÉN IMPORTA

Capítulo 4

Las emociones también son cosa de chicos

«UN CHICO DE VERDAD SE GUARDA LO QUE SIENTE».

Quizá alguna vez te han dicho que no llores o que tienes que esconder tus emociones. Pero las emociones no son un error ni un problema: son una parte de ser humano. Aquí aprenderás a entender tus emociones sin esconderlas y a reconocer que **hablar de ellas también es ser fuerte**.

¿QUÉ SON LAS EMOCIONES Y POR QUÉ NO SON UN PROBLEMA?

¿Alguna vez te han dicho «Los chicos no lloran» o has escondido tus lágrimas para que no se rieran de ti? Si la respuesta es sí, no estás solo. A muchos chicos les pasa. Desde pequeños, se les enseña a aguantar, a ser duros, a no quejarse, a fingir que todo está bien, aunque por dentro estén destrozados.

Todos sentimos cosas, seamos chicos o chicas: alegría, miedo, tristeza, nervios, cariño, rabia, vergüenza, ilusión... Las emociones son como el aire: están en todas partes y todos las respiramos, independientemente de quiénes somos.

Sentir no es cosa de chicos o de chicas. No existe una lista que diga: «Esta emoción es para ellos y esta otra es para ellas». Llorar, abrazar, emocionarte con una película, pedir ayuda o decir que tienes miedo no te hace menos chico. Te hace humano, y eso es mucho más importante.

¿POR QUÉ PARECE QUE LOS CHICOS TIENEN PROHIBIDO SENTIR?

Si las emociones son tan naturales, ¿por qué algunos creen que deben esconderlas? La respuesta está en las reglas invisibles que nos van enseñando desde muy pequeños. Reglas que, como hemos visto antes, no están escritas en ningún sitio, pero se repiten una y otra vez en frases como:

- «No seas un quejica».
- «Los chicos no se asustan».
- «Tienes que ser fuerte, pase lo que pase».
- «Si estás triste, aguántate y no llores».
- «No hables de tus sentimientos, eso es cursi».

Cada vez que escuchas estas frases, aprendes sin querer que está mal mostrar tus emociones. Así, poco a poco, muchos chicos terminan construyendo una muralla alrededor de su corazón para que nadie vea lo que sienten en realidad.

Pero, por mucho que lo escondas, lo que sientes no desaparece. Las emociones no son como un videojuego en el que puedes pausar la partida o guardar el progreso para más tarde. Si las ignoras, se quedan ahí dentro, siguen creciendo y buscando la forma de salir.

LO QUE LE PASÓ A ÁLEX

Cuando se murió su abuelo, Álex se sintió muy triste. En casa, su hermana lloró abrazada a mamá. Álex también quería llorar, pero su padre, que quería consolarlo, aunque no sabía muy bien cómo, le dijo:

—No llores, que eso solo te hará sentir peor. Mejor intenta distraerte.

Álex aguantó las lágrimas. Fingió estar bien. Sonrió incluso cuando sentía que por dentro se rompía en mil pedazos. Pasaron los días y Álex empezó a tener dolor de barriga, dormía mal y se enfadaba. No entendía qué le pasaba. Un día su profesora le preguntó si quería hablar. Álex dudó, pero al final pudo llorar y contarle lo que sentía.

Después se sintió más tranquilo y acompañado. Ya no cargaba con la tristeza él solo. La había compartido.

Llorar **nunca** es un signo de debilidad. Es el primer paso para curarte. Y darlo demuestra que eres valiente.

MI MANERA PREFERIDA DE EXPLICARLO
EL GLOBO

Imagina que cada emoción que sientes es un poco de aire que entra en un globo invisible que llevas dentro.

- Cuando estás triste y no lo cuentas, el globo se infla un poco.
- Cuando estás enfadado y finges que no pasa nada, el globo se infla más.
- Cuando tienes miedo, pero sonríes para que nadie se dé cuenta, el globo sigue **hinchándose**.

Si nunca sueltas ese aire que se va acumulando, el globo se hace tan grande que, tarde o temprano, **¡explota!**

Cuando eso pasa, las emociones salen de golpe: gritos, peleas, ansiedad, llanto repentino o incluso dolor físico. Te puede doler la barriga o costarte dormir si no expresas lo que sientes.

Hablar, llorar, escribir, abrazar o compartir tus emociones con alguien son formas de vaciar el globo poco a poco para que nunca llegue a explotar. Es como abrir una pequeña válvula de seguridad: no eliminas las emociones, pero las dejas salir de forma sana.

EL TABLERO EMOCIONAL: UN JUEGO INTERIOR

En lugar de clasificar las emociones como algo bueno o malo, imagina que son parte de un tablero de juego. Cada emoción es una casilla distinta y tu ficha va avanzando según lo que vives cada día. No hay casillas malas, pues todas forman parte del recorrido.

Vamos a usar colores que no solemos asociar con emociones en la vida real:

- **Azul cielo:** Estás relajado, en calma. Todo fluye como en un río tranquilo.
- **Naranja:** Algo te preocupa o te incomoda. No es grave, pero necesitas prestar atención.
- **Rosa brillante:** Tus emociones son muy intensas. Puede ser alegría enorme, enfado grande o mucha tristeza.

El objetivo del juego no es quedarte siempre en el color azul cielo, sino aprender a moverte por las casillas naranja y rosa brillante sin quedarte atascado. Si te las saltas, el tablero se desequilibra.

Es como si en un videojuego ignoraras a los enemigos: solo se harían más fuertes y sería más difícil derrotarlos. Las emociones intensas no son tus enemigas, son mensajes importantes que te avisan de que necesitas prestarle atención a algo.

PEQUEÑAS SITUACIONES QUE TE HACEN DESPLAZAR POR LAS CASILLAS

A veces, te mueves por este tablero con cosas muy pequeñas que pasan cada día:

- Estás en **azul cielo** cuando juegas con amigos o escuchas tu canción favorita.
- Pasas a **naranja** cuando alguien se burla de ti en el patio y finges que no te duele.
- Saltas a **rosa brillante** cuando te peleas con un amigo, gritas o lloras mucho porque has aguantado demasiado.

No es malo cambiar de color. Lo peligroso es ignorar en qué casilla estás, porque entonces puedes perderte en el tablero y no saber cómo avanzar.

¿POR QUÉ COMPARTIR TUS EMOCIONES TE HACE SER MÁS FUERTE?

Algunos piensan que hablar de lo que sienten los hace parecer débiles. Pero en realidad es justo al revés:

- Cuando ocultas tus emociones, dejas que ganen el miedo y la tensión.
- Compartirlas requiere valor y confianza.

Cuando hablas de lo que sientes:

- Evitas que tu globo explote.
- Te entiendes mejor a ti mismo.
- Los demás pueden ayudarte cuando lo necesitas.
- Tus amistades se vuelven más sinceras y cercanas.

Hablar de emociones es como aprender a jugar a un videojuego difícil: al principio cuesta, pero con la práctica descubres estrategias y te vuelves más fuerte.

QUÉDATE CON ESTO

Todos los chicos sienten.

Y eso no te hace ser menos valiente ni menos fuerte. Al contrario, eres más sabio, más humano, **más tú**. Hablar, llorar, abrazar, compartir... Todo eso también forma parte de ser un chico.

Sentir es vivir.

Tus emociones son como piezas de un puzle: incluso las que parecen incómodas encajan y tienen un lugar importante. No se trata de evitar sentir, sino de aceptar todas las piezas y aprender a construir con ellas algo único: tu propia historia.

MODO REFLEXIÓN ACTIVADO

- ¿Qué haces cuando estás triste o nervioso?
- ¿Con quién te sientes seguro para contarle lo que te pasa?
- ¿Alguna vez has escondido tus emociones para no parecer débil?
- Si tu vida fuera un tablero emocional, ¿en qué color estarías hoy?

¿PASAMOS A LA PRÁCTICA?
EL BOTIQUÍN EMOCIONAL

El botiquín emocional es una caja mágica que te recuerda que nunca estás solo con tus emociones. Igual que cuando te haces una herida necesitas una tirita, cuando te sientes muy triste, enfadado o preocupado, también necesitas curarte por dentro.

Paso 1: busca un recipiente especial

Puede ser una caja pequeña, un estuche o un frasco decorado. Lo importante es que sea solo tuyo y que al verlo pienses: «Aquí guardo las cosas que me ayudan a sentirme mejor».

Paso 2: llénalo de cosas que te calmen o te den alegría

Mete dentro dibujos, frases, fotos u objetos que te reconforten. Algunas ideas:

- Una foto con amigos o con familia.
- Un dibujo que te haga reír.
- Una frase motivadora que te inspire.
- Un peluche pequeño o un objeto que te dé tranquilidad.

- Una tarjeta con la letra de una canción que te guste mucho.
- Una piedra, una concha o cualquier objeto que te recuerde un momento feliz.

Cada vez que estés en la casilla naranja (preocupado, nervioso) o rosa brillante (sintiendo emociones muy intensas), abre tu botiquín y usa algo que te ayude a calmarte y volver a la casilla azul cielo.

Paso 3: llénalo también de herramientas

Tu botiquín también puede contener estrategias y cosas que te ayuden a cuidar de ti. Puedes escribirlas en papelitos de colores y guardarlas dentro. Algunas ideas que puedes poner:

Entender que está bien pedir ayuda a un adulto: a veces tus emociones son tan intensas que no puedes manejarlas solo y no hay nada malo en ello. Guarda en tu botiquín un papel que diga: «Si me siento muy mal, no tengo que cargar con esto solo. Puedo pedir ayuda a un adulto de confianza». Recuerda que los adultos no se enfadan cuando compartes con ellos cómo te sientes; ellos quieren ayudarte, aunque no siempre tengan todas las respuestas.

Hablar con alguien de confianza: escribe el nombre de personas con las que te sientas seguro para compartir lo que te pasa:

- Mamá, papá, los abuelos o algún familiar cercano.
- Tu profesor o profesora.
- Un amigo que sepa escuchar sin juzgarte.
- El orientador o psicólogo del cole.

Saber a quién acudir es como tener una linterna cuando se va la luz: **te ayuda a ver el camino**.

Recordatorio de que tus padres siempre están ahí: puedes escribir un mensaje que diga algo como: «Aunque a veces me dé vergüenza contarles las cosas, mis padres siempre me quieren y están ahí para cuidarme». Así, cuando dudes, recordarás que hablar con ellos es un paso seguro para sentirte mejor.

Algunas técnicas para calmarte hasta que llegue un adulto: guarda tarjetas con ideas simples que puedes poner en práctica cuando estás muy nervioso:

- Respirar hondo contando hasta cinco.
- Salir a caminar o moverte un poco.
- Dibujar lo que sientes.
- Escribir en un papel todo lo que se te pasa por la cabeza y luego arrugarlo o guardarlo.
- Escuchar tu canción favorita.
- Abrazar a alguien o algo que te haga sentir seguro.

Paso 4: ¡usa tu botiquín!

Cuando sientas que estás en naranja o rosa brillante:

1. Mira los objetos que te calman y recuerda los momentos felices.
2. Lee los papelitos que escribiste y decide qué acción vas a probar.
3. Si lo necesitas, pide ayuda a alguien de tu lista de confianza.

Tu botiquín es como un mapa: no te lo soluciona todo, pero te muestra el camino para sentirte mejor.

EXTRA PARA CLASE

Si estás en clase, podéis crear **un gran mural colectivo** donde cada persona pegue una tarjeta con una idea que a ella le funciona. Así, entre todos, tendréis un botiquín gigante lleno de herramientas que podéis compartir.

Cuando empiezas a reconocer lo que sientes y dejas de esconderlo, algo cambia dentro de ti. Es entonces cuando te preguntas: «¿Qué significa ser valiente de verdad?».

No hablo de pelear ni de hacerse el duro, sino de otro tipo de fuerza, una fuerza que nace por dentro. De eso trata el próximo capítulo.

Capítulo 5

Ser valiente no es ser <u>duro</u>

«LA VALENTÍA ES NO TENER MIEDO NUNCA».

¿Te has fijado en cuántas veces dice la gente que los chicos y las chicas sienten diferente? Que ellas son sensibles y ellos son duros. Es como si las emociones tuvieran dueño, como si algunas fueran de niñas y otras, de niños. Pero, si lo piensas bien, ¿tiene sentido?

Nuestros cuerpos no son iguales. Si observas a tu madre y a tu padre, verás diferencias. Pero mira más de cerca y te darás cuenta de algo todavía más importante: **no hay dos personas exactamente iguales, ni siquiera dentro del mismo grupo**. Hay chicos altos, bajos, tímidos, ruidosos, tranquilos, emocionales... Y lo mismo pasa con las chicas. A veces, dos chicos son tan distintos entre sí como una chica y un chico. Esto nos enseña algo muy valioso: **por dentro nos parecemos más de lo que crees**.

Todos nacemos pudiendo sentir las mismas emociones: alegría, tristeza, miedo, enfado, sorpresa y asco. No aparecen porque sí, no son errores del cuerpo ni signos de debilidad. Son como alarmas que se encienden para ayudarnos a vivir. El miedo aparece para avisarnos de un peligro y protegernos. La tristeza nos dice que necesitamos apoyo. El enfado nos alerta de que algo es injusto. La alegría nos muestra lo que nos hace bien. **Las emociones no son buenas ni malas, son útiles.**

Entonces, ¿por qué parece que algunas personas pueden mostrarlas libremente y otras no? Aquí entra la forma en la que nos educan. Muchos chicos no crecen sintiendo menos, sino aprendiendo a mostrar menos. Desde pequeños escuchan cosas como: «No llores», «Aguanta», «No seas blando», «Los chicos fuertes no se quejan». Y, poco a poco, empiezan a creer que sentir es peligroso, que mostrar tristeza o miedo los hace débiles o menos valiosos. Así, en lugar de decir: «Me duele», se quedan callados. En vez de pedir ayuda, aguantan solos. Porque **alguien les enseñó que ser valiente significa no mostrar emociones**.

Pero... ¿y si ser valiente fuera justo lo contrario? ¿Y si la verdadera valentía no consistiera en resistir como una piedra, sino en moverse como un río? El río es fluido, se adapta, atraviesa montañas. La piedra es dura, sí, pero si la golpeas una y otra vez, se rompe. Ser duro todo el tiempo cansa, te agrieta por dentro. Ser valiente no es no tener miedo, es tenerlo... **y aun así seguir**. No es no llorar, es atreverse a llorar cuando algo duele. No es guardar el enfado, sino aprender a decir: «Esto no me ha gustado» sin hacer daño. A veces, lo más valiente no es gritar, sino hablar bajito y con sinceridad.

Este capítulo va de entender **otra forma de ser fuerte**. Porque puedes ser valiente y llorar. Puedes ser fuerte y pedir ayuda. Puedes ser chico y sentir todas las emociones. No hay una sola manera de ser hombre. No hay un corazón de chico y otro de chica. Hay personas. Y todas sienten.

¿PARA QUÉ SIRVEN LAS EMOCIONES?

El cuerpo y la mente funcionan como un equipo. Y las emociones son sus palomas mensajeras. Están ahí para ayudarte, no para molestarte. Todas las emociones sirven para algo, nos ayudan a entender lo que nos pasa cada día. Son necesarias para poder vivir feliz.

Emoción	¿Para qué sirve?
Alegría	Te dice: «Esto te gusta, busca más de esto».
Tristeza	Llama a otros para que te cuiden. Te ayuda a soltar lo que duele.
Miedo	Te avisa de un peligro. No es cobardía, es protección.
Enfado	Te señala una injusticia o un límite que alguien ha cruzado.
Sorpresa	Te prepara para que te adaptes a lo inesperado.
Asco	Te aleja de lo que puede hacerte daño o enfermarte.

Todas las emociones **son necesarias**. Son herramientas. Si guardas algunas y solo usas otras, es como intentar construir algo con la mitad de las herramientas rotas.

ENTONCES, ¿POR QUÉ ALGUNOS CHICOS NO LLORAN O NO CUENTAN LO QUE SIENTEN?

Porque durante mucho tiempo se pensó que la fuerza era silencio, que el valor era aguantar. Así, muchos aprendieron a esconder lo que sentían. Pero, cuando escondes algo, no desaparece: **se queda dentro y se hace más grande**. A veces, lo que no lloramos se convierte en rabia. Lo que no decimos se convierte en dolor de barriga o en un nudo en la garganta. Pero hay otra forma de hacer las cosas.

LO QUE LE PASÓ A IKER

Iker era un chico al que le encantaba el baloncesto. Entrenaba cada semana con su padre, que había jugado de joven y siempre le decía:

—¡Tú puedes con todo! No te rindas nunca.

Un día, durante un partido importante, Iker falló un tiro libre. Después otro. Y otro. Su equipo empezó a perder. Notó que sus compañeros lo miraban. Y su entrenador gritaba desde la banda. De repente, algo se le hizo pequeño en el pecho, como si no tuviera aire. Le temblaban las manos. Quiso llorar, pero tenía miedo de que se burlaran de él.

Cuando llegó a casa, no quiso cenar. Se encerró en su habitación. Su padre entró y dijo:

—Está bien estar triste. Lo que no está bien es quedárselo dentro hasta que te ahogue.

Entonces Iker se echó a llorar. Mucho. Su padre se sentó con él y le contó:

—¿Sabes qué? Cuando yo tenía tu edad, también tenía ganas de llorar. Pero nadie me lo permitió. Aprendí a callarme. Y eso me hizo más daño que fallar un tiro.

A la mañana siguiente, Iker volvió a entrenar. No porque ya no tuviera miedo, sino porque lo tenía... y aun así fue. Seguía un poco triste, pero notaba algo diferente, había algo que pesaba menos. Recordaba las palabras de su padre diciéndole que todo estaba bien, que no importaba tanto fallar y que habría días que jugaría mejor y otros peor. Se sentía aliviado. Ese día metió todas las canastas, su equipo volvía a sonreír, pero Iker exclamó:

—Habrá días mejores y otros peores, pero yo necesito que sigamos siendo un equipo.

Todos sus compañeros se quedaron callados, sabían que tenía razón.

EJEMPLOS DE CHICAS VALIENTES

Pero esto no va solo de chicos, ¿sabes? Ya está bien de poner solo ejemplos de chicos que son valientes de una forma u otra. La valentía no es cosa de chicos o chicas, es de personas.

- Lucía, en el cole, defendió a un niño al que insultaban por llevar gafas. Le contestaron: «Déjalo, no te metas», pero ella insistió: «Si no lo digo yo, ¿quién lo hará?».

- **Emma**, gimnasta, se rompió el tobillo antes de una competición. Lloró de rabia, pero al día siguiente fue a animar a su equipo. Les preparó carteles, botellas de agua y abrazos. No ganó la medalla, pero fue la que más sostuvo a todos.
- **Nerea** lloró delante de su clase contando que sus padres estaban separados y que a veces sentía miedo. Otros niños y niñas se acercaron después a decirle: «Yo también». Su tristeza unió, no rompió.

Estas chicas no fueron duras. Fueron valientes. **Y los niños también pueden ser así.**

MODO REFLEXIÓN ACTIVADO

- ¿Alguna vez has llorado y te has sentido mejor un ratito después?
- ¿Has visto a alguien llorar y te han entrado ganas de ayudarle?
- ¿Cómo te sientes cuando le cuentas tus problemas a alguien?
- ¿Cómo se sienten tus amigos cuando escuchas lo que les pasa?

Imagina una historia de aventuras. Un grupo de niños busca una puerta mágica que solo se abre con el sentimiento más valiente del mundo. Todos piensan que se abrirá con la fuerza, el valor o la rabia. Empiezan a empujar la puerta, a golpearla y a gritar. Pero nada funciona.

De pronto, uno de ellos, el más callado, se sienta, toca la puerta y susurra:

—Tengo miedo de perderos. No quiero que esto acabe mal.

Y llora. Solo una lágrima.

Entonces, la puerta se abre despacio. Porque el sentimiento más valiente es el que se muestra sin miedo. La puerta no se abrió con músculos, sino cuando alguien dijo lo que dolía.

A veces, lo que arregla una historia no es la rabia, sino la tristeza.

EMPATÍA: SENTIR CON LOS DEMÁS

Entender tus emociones te ayuda a entender las de los demás. Cuando sabes lo que es estar triste, te es más fácil ver la tristeza en los demás. Cuando reconoces tu miedo, no te burlas del miedo ajeno. Y, cuando aprendes a escuchar lo que pasa dentro de ti, puedes cuidar mejor lo que pasa fuera. Eso se llama **empatía**: ponerte en el lugar del otro. No es debilidad, es una forma de inteligencia. Los chicos que aprenden a sentir también aprenden a cuidar, a pedir perdón, a decir «Te entiendo» o «Estoy contigo». Y eso también es valentía.

QUÉDATE CON ESTO

Nadie puede elegir qué emoción aparece, pero sí **qué hacer con ella**. Si tienes miedo, puedes respirar y pensar qué te protege. Si estás triste, puedes contárselo a alguien. Si estás enfadado, puedes moverte, escribir o hablar antes de gritar. Las emociones no se controlan como un botón, **se entienden**.

La clave está en no intentar no sentirlas. Imagina que son como olas que van llegando a la orilla, se trata de esperar a que el agua toque la tierra y a que el mar vuelva a estar en calma.

¿PASAMOS A LA PRÁCTICA?
MI MAPA DE EMOCIONES

1. Dibuja tu rostro en el centro de una hoja. A su alrededor, dibuja seis círculos con las emociones básicas: alegría, tristeza, miedo, enfado, sorpresa y asco.

2. Dentro de cada una, escribe una situación en la que la sientes.

3. Luego, une con una línea las emociones que más te cuesta mostrar.

4. Piensa: «¿Qué pasaría si las dejara salir un poco más?».

5. Al final escribe esta frase: «Sentir no me hace débil. Me hace **real**».

Cuando entiendes tus emociones y tu verdadera valentía, empiezas a ver tus relaciones de otro modo. Y eso nos lleva a un lugar muy importante en tu vida: las amistades. Vamos a ver cómo se construyen, cómo se cuidan y cómo saber si una amistad te hace bien.

3

CÓMO ME RELACIONO CON LOS DEMÁS

Capítulo 6

Amistades que suman

«LOS AMIGOS DE VERDAD NO SE ENFADAN NI SE EQUIVOCAN».

Tener amigos es algo genial. Los amigos nos hacen reír, nos acompañan cuando estamos tristes, nos ayudan cuando lo necesitamos y celebran con nosotros lo que nos sale bien. Pero... no todas las amistades hacen bien. Algunas duelen, cansan o hacen que te sientas menos tú.

Entonces, ¿qué hace que una amistad **valga la pena**? Una amistad que suma es aquella en la que te sientes bien, libre y respetado. No siempre será perfecta ni estaréis de acuerdo en todo, pero te deja con una sensación de calma, de estar en casa. Te hace crecer.

¿CÓMO SE COMPORTA UN BUEN AMIGO?

- Te escucha sin reírse de ti cuando cuentas algo importante.
- Te trata bien incluso cuando no está de acuerdo contigo.
- No te obliga a hacer cosas que no quieres.
- Se alegra por tus logros, aunque él no haya ganado.
- Te defiende si alguien se burla de ti o te deja fuera.

Un buen amigo no manda, no pisa, no humilla. Un buen amigo te cuida y te deja ser tú.

LO QUE LES PASÓ A ALBERT Y A MIQUEL

Albert y Miquel habían sido inseparables desde pequeños. Viajaban juntos en autobús, compartían bocadillos y tenían incluso un saludo secreto que siempre les hacía reír. Estar juntos era fácil y natural, como si se entendieran sin hablar.

Con el tiempo, algo empezó a cambiar. Albert notó que Miquel pasaba más rato con otros compañeros y dejó de invitarlo a algunos juegos. Miquel, en cambio, sentía que Albert quería decidirlo todo: los equipos, las reglas y hasta cuándo se terminaba una partida. Ambos se hacían preguntas en silencio, pero ninguno se atrevía a decirlas en voz alta.

Para no sentirse tan solo, Albert empezó a unirse a otro grupo. A veces se reían de Miquel y, aunque a Albert no le gustaba, no sabía cómo frenarlo. Miquel, por su parte, también se apoyó en nuevos amigos y en algún momento habló mal de Albert para no parecer débil. El puente que los unía empezó a llenarse de tablones rotos: silencios, bromas que dolían y malentendidos.

Un día, en el patio, los reproches explotaron en voz alta. Se dijeron cosas que llevaban tiempo guardando y se alejaron enfadados. Esa tarde, cada uno en su casa sintió que echaba de menos al otro, aunque ninguno lo reconociera.

A veces, las amistades no se rompen por falta de cariño, sino por falta de decir las cosas a tiempo.

MI MANERA PREFERIDA DE EXPLICARLO
EL PUENTE DE LA AMISTAD

Imagina que una amistad es un puente entre dos personas. Para que el puente aguante, hay que construirlo entre los dos:

- Uno coloca un tablón de confianza.
- El otro coloca uno de escucha.
- Luego viene un tablón de respeto.
- Otro de tiempo compartido.
- Otro de perdón cuando algo sale mal.
- Otro de alegrarse por el otro.

Cada tablón hace el puente más fuerte. No se construye en un solo día. Se construye con gestos pequeños. Pero, si uno quiere poner siempre su tablón encima o empuja para que el suyo sea el más importante, el puente empieza a tambalearse. Si tiramos los tablones del otro (con burlas, desprecio, ignorándolo o mandando sobre él), el puente se rompe. Si dejamos de poner tablones (no hablamos, no pedimos perdón, no invitamos), el puente se queda a medias y deja un hueco por el que es fácil caerse.

En el caso de Albert y Miquel, el puente se fue agrietando:

- Albert dejó de poner tablones de conversación sincera y empezó a colocar tablones frágiles de bromas pesadas.
- Miquel dejó de poner tablones de confianza y empezó a colocar tablones de silencio y **distancia**.

El resultado fue un puente inseguro que se terminó partiendo. No porque no se quisieran, sino porque no lo cuidaron.

Las **amistades sanas** se construyen **entre todos**. Y todas las piezas valen: las del que es más hablador y las del que es más tranquilo; las del que propone y las del que escucha; las del que realiza y las del que acompaña.

LAS BROMAS QUE NO HACEN GRACIA (AUNQUE TODOS SE RÍAN)

En el grupo nuevo de Albert, se hacían bromas pesadas. Imitaban la voz de Miquel y se burlaban de su forma de moverse. Usaban un apodo que a él no le gustaba y repetían **frases** para hacerle quedar mal. Todos se reían, pero Miquel se sentía mal. Y, aunque Albert notaba que aquello estaba mal, se callaba para encajar.

En el grupo de Miquel pasó lo mismo: se reían diciendo que Albert «quería mandar» y que «se creía el jefe». Miquel sabía que eso no era justo todo el tiempo, pero no dijo nada.

Si todos se ríen de una persona, pero esa persona se siente mal, no es una broma: es humillación. La risa del grupo no es una señal de que algo está bien. Lo que dice si algo está bien o no es cómo se siente la persona de la que se están riendo.

El verdadero amigo se da cuenta, para la broma o defiende al otro. **Eso sí es valentía.**

CUANDO ALGUIEN SE QUEDA FUERA

A veces, sin darnos cuenta, alguien se queda fuera:

- Porque juega diferente.
- Porque es nuevo.
- Porque no sigue las normas del grupo.
- Porque está pasando por una etapa rara y le cuesta proponer cosas.

Albert se sintió fuera cuando Miquel hizo nuevos amigos y dejó de invitarlo a algunos juegos. Miquel se sintió fuera cuando Albert no le dijo que estaba triste. Los dos experimentaron esa sensación de invisibilidad.

Ser buen amigo también es invitar, incluir, hacer hueco. Nadie debería sentirse invisible en el recreo.

AMISTADES QUE SUMAN VS. AMISTADES QUE RESTAN

Para ayudarte a diferenciar estas amistades, piensa en esto:

Una amistad que suma:

- Te deja tranquilo después de estar juntos.
- Te respeta, aunque seas distinto.

- Te escucha cuando hablas.
- Se alegra por tus éxitos.
- No te pide que cambies para encajar.

Una amistad que resta:

- Te deja con un nudo en el estómago.
- Se ríe de ti o te hace sentir menos.
- Te empuja a hacer cosas que no quieres.
- Te hace competir todo el rato.
- Te aparta si no **obedeces**.

Con Albert y Miquel, lo que restó no fue su amistad, sino el modo en el que empezaron a tratarse el uno al otro: silencios, bromas dolorosas, grupos que alimentan la distancia y falta de conversación.

¿SE PUEDE ARREGLAR UN PUENTE ROTO?

Solo si ambos están dispuestos a poner tablones nuevos:

- Decir lo que sienten sin atacar.
- Pedir perdón por el daño causado.
- Escuchar lo que el otro necesita.
- Construir de nuevo el puente con respeto y paciencia.

No siempre es posible. Y, si no se puede, también está bien: significa que es momento de cuidarte y construir otros puentes sanos con más personas.

Lo importante es aprender a:

- Hablar antes de que el puente se rompa.
- Parar las bromas que duelen.
- No buscar refugio en grupos que critican al otro.
- Invitar y respetar.

Una amistad que suma es aquella en la que:

- Te sientes libre para ser tú.
- Te respetan, aunque seas distinto.
- Te escuchan y te apoyan.
- No te exigen que cambies para encajar.
- Podéis hablar cuando algo os duele, en vez de callar.

Ser buen amigo no es obedecer a todo ni mandar siempre. Es saber decir: «Eso no está bien», parar una broma, defender a quien lo necesita y, sobre todo, cuidar el puente que os une.

Las amistades que suman no aparecen por arte de magia: **se construyen**. A veces con risas y juegos, otras con conversaciones sinceras y disculpas.

Cuida tus puentes, repara tus tablones rotos y recuerda: nadie gana cuando el puente se cae. Se gana cuando llegáis al otro lado juntos.

MODO REFLEXIÓN ACTIVADO

- ¿Alguna vez has visto a alguien quedarse fuera de un juego? ¿Qué has hecho tú?
- ¿Te has sentido desplazado como Miquel o agobiado como Albert?
- ¿Has hablado mal de un amigo para encajar en un grupo? ¿Cómo te sentiste después?
- ¿Qué tablones necesita tu puente de la amistad ahora mismo? (Confianza, escucha, perdón, tiempo, respeto...).

¿PASAMOS A LA PRÁCTICA?
ES LA HORA DE CREAR TU PASAPORTE DE LA AMISTAD

Coge una cartulina y crea un pequeño pasaporte que muestre cómo te gusta que te traten tus amigos y cómo quieres tratarlos tú a ellos.

1. Portada

Escribe tu nombre y un título:

- Mi pasaporte de la amistad.
- Viaje hacia mis amistades.

2. Cosas que me hacen sentir bien

Escribe tres cosas que te hacen sentir bien en una amistad, por ejemplo:

- Que te escuchen.
- Que te inviten a planes.
- Que respeten tus ideas.

3. Cosas que me hacen sentir mal

Escribe dos cosas que te hacen sentir mal:

- Que se rían de ti.
- Que te dejen fuera.

4. Mi compromiso

Anota una cosa que tú harás para cuidar tus amistades:

- Invitaré a quien vea solo.
- Diré las cosas con calma.

5. Entrega (opcional)

Si quieres, dale el pasaporte a un amigo y añade un mensaje corto: «Me gusta ser tu amigo».

Capítulo 7

¿Y con las <u>niñas</u> qué?

«LOS CHICOS JUEGAN CON CHICOS Y LAS CHICAS, CON CHICAS».

«No juegues con las niñas, eso es de blandos».
«No puedes tener amigas, te vas a enamorar».
«Las niñas no saben jugar a esto».

A veces, en el patio, se escuchan estas frases. Y, cuando oyes eso, muchas veces acabas creyendo que tiene algo de cierto. Algunos chicos se alejan de las niñas, dejan de hablar con ellas o hacen bromas para no parecer débiles. Otros simplemente siguen al grupo, aunque en realidad se lo pasaban bien jugando con ellas.

¿POR QUÉ OCURRE ESTO?

¿Por qué tantos niños se sienten raros o confundidos cuando se llevan bien con las niñas? Porque desde pequeños nos enseñan que hay dos mundos separados: **el de los chicos y el de las chicas**. Como si cada grupo tuviera sus propias normas, juegos y colores.

Los chicos, según esas reglas, deberían ser fuertes, competitivos, valientes y un poco duros. Las chicas, en cambio, deberían ser tranquilas, delicadas, amables y suaves.

¿Y si tú no eres así?

¿Y si te gusta reírte con tus amigas, jugar a lo que te apetece o hablar de cosas que te importan? Puede parecer extraño para otros, pero es lo más normal del mundo.

LA BARRERA INVISIBLE DEL PATIO

Imagina el patio del cole. En un lado, hay un grupo de chicos jugando al fútbol. En el otro, un grupo de chicas saltando a la comba o charlando. Los grupos se forman casi sin pensarlo, como si una barrera invisible separara a unos de otros. Esa **barrera** no está pintada en el suelo ni tiene un cartel, pero se nota. Y muchos se acostumbran tanto a ella que ni siquiera se preguntan si quieren cruzarla.

Sin embargo, si miras con atención, verás que esa barrera solo existe porque alguien la inventó. Alguien dijo que los chicos no podían jugar con las niñas porque «ellas no saben» y que, si lo hacían, los niños «se estaban enamorando». Y, poco a poco, esas frases se repiten tanto que se vuelven una especie de norma no escrita del patio.

Pero esa norma es falsa. Porque, cuando los chicos y las chicas juegan juntos, pasan cosas increíbles: los juegos se vuelven más variados, las ideas se mezclan y todos se lo pasan mejor.

A veces, los niños que no quieren cruzar esa línea no lo hacen, pero no porque no les apetezca, sino por miedo a lo que puedan decir los demás. Miedo a las risas, a las burlas, a que alguien grite:

- «¡Mira, están jugando con las niñas!».
- «¡Seguro que le gusta una!».

Y ese miedo hace que algunos dejen de hacer cosas que disfrutan de verdad. Quizá querían seguir jugando con su amiga, pero no se atreven. Quizá querían saludarla o invitarla a participar en el juego, pero se callan.

¿Te ha pasado alguna vez que has querido hacer algo y no lo has hecho por miedo a las burlas?

A veces para ser valiente no hay que hacer cosas peligrosas.

A veces para ser valiente tan solo hay que hacer lo que te gusta sin preocuparte por lo que piensen los demás.

En realidad, conocer a las niñas y compartir cosas con ellas no te quita nada. No te hace menos chico ni te cambia ni te hace raro. Al contrario: te ayuda a entender mejor a las personas, a aprender cosas nuevas y a pasarlo bien de formas diferentes.

Tener amigas, hablar y jugar con ellas no es para «mezclar mundos», sino para derribar una muralla imaginaria que lleva demasiado tiempo separando a los chicos de las chicas.

Y, cuando esa muralla cae, el patio se vuelve más grande. De pronto, hay más juegos, más risas, más historias y más amigos. Y eso, sin duda, es mucho más divertido.

LO QUE LE PASÓ A MARTÍ

Era un martes cualquiera. A la hora del recreo, Martí jugaba siempre con el mismo grupo: Pau, Roger, Dani y otros chicos de su clase. Les encantaba el fútbol. Era su momento favorito.

Aquel día, la profe de guardia les propuso algo distinto:

—¿Por qué no hacéis hoy equipos mixtos? Chicos y chicas.

Algunos se miraron riéndose, otros torcieron el gesto. Martí murmuró bajito, sin querer que lo oyeran:

—Con niñas no vamos a ganar nunca...

Nerea, que estaba cerca, lo escuchó. No dijo nada, pero le dolió un poco. Ella también quería jugar al fútbol y, además, se le daba bien. Así que se sumó a uno de los dos equipos, precisamente al de Martí.

Empezó el partido. Los chicos se pasaban el balón solo entre ellos. Si Nerea levantaba la mano para pedirlo, hacían como que no la veían. Ella corría, se desmarcaba, pero el balón nunca le llegaba.

Hasta que, de repente, uno del otro equipo lanzó un tiro fuerte que iba directo a la portería. Nerea se cruzó y lo paró con el pie. El balón rebotó y llegó a Martí, que marcó gol. Todos gritaron y saltaron de alegría. Pero nadie se dio cuenta de que el gol había sido posible gracias a ella.

Al terminar, Nerea se apartó un poco del grupo. Martí se quedó mirándola y, por dentro, sintió algo raro. Sabía que ella había hecho una buena jugada, pero no le había dado las gracias. Tampoco le había pasado la pelota ni una vez. Y encima la había juzgado sin conocerla.

Por la tarde, en el comedor, se la encontró sentada con otras niñas, riendo. Dudó un momento, pero se acercó.

—Eh... Gracias por la jugada de antes —le dijo—. Si no llegas a parar el balón, nos marcan fijo.

—Ya lo sé —contestó ella riéndose—. Pero tampoco hacía falta que me ignorarais todo el partido.

Incómodo, Martí se rascó la cabeza.

—Es que... pensé que no querías jugar tan en serio.

—¿Por qué? —preguntó ella—. ¿Porque soy una niña?

Él se quedó callado. No sabía qué responder. Nunca se lo había planteado, pero en ese momento se dio cuenta de que la frase sonaba mal incluso dentro de su cabeza.

Durante unos días, el tema quedó ahí, flotando. Hasta que, el viernes, Nerea apareció con una pelota diferente: una de gomaespuma, de esas que rebotan en todas partes.

—Hoy inventamos un nuevo juego —dijo—. Mixto, pero con mis reglas.

Martí y los demás se rieron, pero aceptaron probar. El juego resultó divertidísimo: mezcla de fútbol, balonmano y escondite. No había equipos fijos ni ganadores claros, solo risas y carreras. Hasta Pau, el más competitivo, admitió:

—Vale, esto mola más que el partido normal.

Desde entonces, chicos y chicas jugaron juntos muchos días. Y las bromas ahora hacen gracia a todos porque no se están burlando de nadie.

Un día, mientras recogían las mochilas, Martí le dijo a Nerea:

—Creo que me equivocaba. Pensaba que jugar contigo era diferente, pero en realidad... es mejor.

—Te lo dije —contestó Nerea guiñándole un ojo.

Martí se echó a reír también. Parecía que, si el patio era un mundo, acababa de descubrir una parte nueva.

MI MANERA PREFERIDA DE EXPLICARLO
EL PUENTE ENTRE ISLAS

Imagina que cada persona es como una isla dentro de un gran mapa.

Algunas islas tienen playas tranquilas; otras, montañas altas; otras, bosques llenos de ideas. Las islas de los chicos y las islas de las chicas no están separadas por un océano gigante, como a veces parece. Están una al lado de la otra, en el mismo mapa.

El problema es que, desde pequeños, a muchos chicos les enseñan que su isla no puede conectarse con la de las niñas. Como si cruzar un puente hacia ellas fuera raro, peligroso o signo de debilidad. Entonces, algunos niños dejan de construir estos puentes, aunque en realidad les guste jugar o hablar con ellas.

Pero, cuando **te atreves a poner un tablón** (invitar a participar en algo, escuchar, jugar juntos, respetar), descubres que construir ese puente no era difícil, solo hacía falta que alguien empezara.

Y, al cruzarlo, aparecen juegos nuevos, ideas distintas y amistades que hacen el mapa mucho más grande y divertido.

No hay islas de chicos ni islas de chicas. Hay personas distintas construyendo caminos para conocerse mejor. Cuantos más puentes tiendes, más grande se vuelve tu mapa.

QUÉDATE CON ESTO

Que haya chicos a un lado y chicas al otro en el patio no es una ley, es una costumbre.

Y las costumbres se pueden cambiar.

Tener amigas, jugar con ellas o escuchar sus ideas no te quita nada. Te suma: más juegos, más risas, más maneras de ser, más libertad.

Si un día piensas «con niñas no...», acuérdate de Martí: a veces nos equivocamos por repetir lo que oímos.

MODO REFLEXIÓN ACTIVADO

Piensa en el partido de Martí y Nerea.

- ¿Alguna vez has pensado que alguien no podría hacer algo por ser niña o niño?
- En caso de que respondas que sí, ¿te ha pasado como a Martí, que luego descubriste que te habías equivocado?
- ¿Te has sentido como Nerea alguna vez, que querías participar en un juego, pero no te dejaban?

- ¿Qué puedes hacer tú para que en tu clase o tu grupo nadie se quede fuera de los juegos?
- ¿Qué pasa cuando compartes tus ideas o tus juegos con personas diferentes a ti?

¿PASAMOS A LA PRÁCTICA?
MI MAPA DE LAS AMISTADES

Coge una hoja y dibuja un gran mapa, como si fuera una isla o un país inventado. En el centro, escribe tu nombre. Luego, alrededor, dibuja distintos caminos que te lleven hacia otras islas: cada una representa a una persona con la que te gusta pasar el tiempo (un amigo, una compañera, alguien de tu familia...).

En cada camino, escribe o dibuja algo que une esas amistades. Por ejemplo, reírnos juntos, compartir ideas, jugar sin pelearnos, respetar las diferencias, hablar cuando algo me molesta, probar cosas nuevas. Después, añade zonas de tu mapa donde te gustaría mejorar tus relaciones:

- Un puente para invitar a alguien nuevo.
- Un faro que te recuerde escuchar más.
- Un bosque donde aprender a pedir perdón.

Cuando termines, mira tu mapa completo y pregúntate:

- ¿Qué caminos son más fuertes?
- ¿Hay alguno que debería reconstruir o cuidar más?
- ¿A quién me gustaría invitar a mi isla?

Guárdalo como un recordatorio de que las amistades, sean con chicos o con chicas, se construyen paso a paso, con respeto y ganas de compartir. Jugar, hablar y compartir con niñas nos enseña que las personas no tienen por qué estar separadas en dos bandos. Pero, incluso cuando entendemos eso, puede pasar algo en cualquier grupo: las bromas que duelen.

En el siguiente capítulo veremos cómo romper el círculo de las burlas y qué significa realmente respetar.

Capítulo 8

Cuando las bromas
ya no hacen gracia

«ENTRE AMIGOS TODO VALE, AUNQUE DUELA».

A nadie le gusta que se rían de él.

Da igual si es por cómo hablas, cómo vistes, si te equivocas, si haces algo diferente o simplemente porque alguien decidió que eras raro. Cuando se ríen de ti, te sientes como si te empujaran sin tocarte. Pero lo más complicado no es solo cuando te pasa a ti..., sino cuando se ríen de otra persona y no sabes qué hacer.

En muchos grupos de chicos, pasa algo que casi nadie dice en voz alta. Parece que, para encajar, para ser parte del grupo, hay que hacer bromas pesadas, aguantar que se metan contigo o incluso reírse de otros.

Como si ser duro o gracioso fuera más importante que ser amable.

Es como una especie de juego en el que todos los chicos participan, a veces hasta resulta divertido si no te está pasando a ti. Parece que cuando se van las profesoras, o no hay ningún adulto mirando, algunos chicos de la clase comienzan a jugar a eso de hacerse bromas, hasta que acaban haciendo daño a alguien. Es como un **círculo de las burlas** que parece no tener fin.

A veces, lo más curioso es que un niño empieza a molestar a otro no porque lo odie, sino porque quiere quedar bien delante de los demás. Quiere ser el divertido, el valiente, el líder. Y otros se ríen, pero no porque sea gracioso, sino porque tienen miedo de ser los siguientes de los que se mofen.

ASÍ NACE EL CÍRCULO DE LAS BURLAS

Este círculo tiene una serie de pasos, siempre empieza de la misma forma en todas las clases, parques o lugares donde los chicos juegan.

1. Uno molesta a otro para parecer fuerte o hacer reír al resto.
2. Otros se ríen para no quedar fuera.
3. El que recibe la burla se queda solo, aunque no haya hecho nada malo.
4. El que recibe la burla se ve obligado a devolverla.

Y así continuamente...

Entre los chicos, esto sucede más de lo que parece. A veces con bromas sobre el físico, la ropa, la voz, lo que le gusta o incluso sobre su familia. Otras veces con empujones, amenazas o retos para demostrar quién manda más.

Y, poco a poco, lo que comenzó como una broma se convierte en algo serio: alguien empieza a tener miedo de ir al cole, de hablar, de ser él mismo.

PERO... ¿POR QUÉ PASA ESTO TANTO ENTRE LOS CHICOS?

Como estás viendo, a los chicos se nos pide que actuemos de una determinada manera para ser chicos, desde bien pequeños:

- «Entre amigos nos vacilamos, es lo normal».
- «Si no aguantas una broma, no puedes estar con nosotros».
- «No puedes quedar como el pringado del grupo».
- «El que se enfada pierde».
- «Si no respondes, todos van a pensar que eres débil».
- «Mejor hacer reír al grupo, aunque sea a costa de otro».
- «En este grupo nadie se ofende por nada».
- «No seas chivato, las cosas se arreglan entre nosotros».
- «Aquí se viene a aguantar, no a llorar».

Entonces, en vez de decir lo que sienten, esconden el miedo detrás de una risa, una broma o un empujón. Aprenden que es mejor hacer daño que parecer débil. Y eso hace que las relaciones se llenen de competencia: quién corre más, quién pega más fuerte, quién tiene más poder en el grupo...

Pero **¿de verdad eso es ser fuerte?** ¿Es valiente que alguien haga llorar a otros para que no se rían de él? ¿O es más valiente quien se atreve a tratar bien a todos, aunque nadie lo aplauda?

LO QUE CASI NADIE VE

A veces, el que se burla también tiene miedo. Miedo a ser rechazado. Miedo a quedarse solo. Miedo a que descubran que él también se siente inseguro. Y los que se ríen detrás muchas veces no quieren reírse, pero lo hacen para no ser el diferente, el aburrido, el blando.

Eso no justifica la burla, pero ayuda a entender por qué ocurre. Y entenderlo es el primer paso para cambiarlo. Para romper este círculo, hay que ser el primero que diga: «Oye, eso no está bien».

LO QUE LES PASÓ A LUCAS Y A RUBÉN

Lucas y Rubén eran muy buenos amigos desde pequeños. Jugaban juntos, se contaban secretos el uno al otro y se entendían sin hablar. Pero, al llegar a cuarto de primaria, todo cambió un poco. En el recreo, algunos niños empezaron a competir para ver quién era el más fuerte, el más gracioso o el que mandaba más.

Un día, cuando estaban jugando al fútbol, Lucas falló un gol. Rubén, para que los demás se rieran de él y no de sí mismo, dijo en voz alta:

—¡Qué patoso! Ni mi hermana pequeña fallaría eso.

Todos se rieron. Lucas también fingió reírse, pero por dentro sintió un nudo en la tripa. Desde entonces, Rubén se unió más a los que mandaban en el grupo. Empezó a molestar a otros, a gastar bromas pesadas, a reírse del que se equivocaba. Y Lucas cada vez se sentía más solo. Hasta que, un día, él mismo se atrevió a decirle bajito:

—Rubén, ya no es divertido. No me gusta cuando hacéis eso.

Rubén se enfadó:

—Pues, si no te gusta, vete con los aburridos.

Lucas se fue. Y, aunque le dolió, también sintió que algo dentro de él se acomodaba: había dicho lo que pensaba. Con el tiempo, Rubén empezó a notar que, pese a que todos se reían con él..., nadie quería hablarle en serio. Nadie confiaba en él. Y se sintió solo.

Una tarde, se acercó a Lucas y le dijo:

—Creo que me pasé. No quería hacerte daño. Solo... Es que no quería que se metieran conmigo.

Lucas no dijo nada al principio, pero luego respondió:

—Si te da miedo que se metan contigo, no lo arregles metiéndote tú con los demás.

No volvieron a tener la amistad de antes enseguida, pero al menos empezaron a hablar sin hacerse bromas que dolían.

MI MANERA PREFERIDA DE EXPLICARLO
EL PUENTE QUE SE ROMPE

¿Recuerdas el puente de la amistad entre dos personas? Imagina ahora que el grupo de amigos es como un puente grande y está hecho con los tablones que cada uno pone. Cuando las bromas son divertidas para todos, el puente es firme y se puede cruzar sin miedo. Pero, cuando empiezan las bromas que duelen, los tablones se agrietan.

Si alguien se ríe de otro para encajar, si se ponen motes que molestan o se empuja en broma, el puente empieza a temblar. Y el que recibe las burlas siente que el suelo se mueve bajo sus pies. Para no quedarse fuera, muchos siguen ese juego..., aunque no les guste.

No obstante, igual que ocurre con cualquier puente real, también puedes reparar el daño y decir: «Esto no hace gracia», dejar de reír, apoyar al que lo está pasando mal o alejarte del grupo cuando no te hace bien. Esos gestos ponen tablones nuevos y les recuerdan a los demás que el puente solo funciona cuando nadie se cae.

La verdadera valentía es ayudar a que el puente vuelva a ser un lugar seguro para todos.

QUÉDATE CON ESTO

Al final, lo que realmente hace fuerte a un grupo no son ni las bromas pesadas ni quién grita más fuerte ni quién manda sobre los demás. Lo que une de verdad son las personas que saben parar a tiempo, cuidar, invitar, escuchar y decir: «Esto no está bien», aunque les tiemble un poco la voz. No necesitas ser el más duro ni el más gracioso para ser valiente. A veces, lo más valiente es **no reírte cuando todos lo hacen**, acercarte a quien se quedó atrás o atreverte a ser respetuoso en medio de risas que hacen daño.

Porque los grupos que de verdad merecen la pena no son los que te hacen sentir miedo a equivocarte, sino los que te dejan ser tú mismo. Donde no tienes que demostrar nada para pertenecer. Donde puedes fallar, pedir perdón, cambiar de opinión y seguir siendo parte.

Tú puedes ayudar a que tu grupo sea más así: más justo, más amable, más libre. Y quizá, gracias a ti, alguien deje de tener miedo cada vez que sale al recreo. Y eso, aunque pocos lo vean, es una de las formas más grandes de valentía.

El respeto nunca es aburrido. Es lo que hace que todos podamos ser nosotros mismos sin miedo.

MODO REFLEXIÓN ACTIVADO

- ¿Alguna vez te has reído por no quedar mal?
- ¿Alguna vez alguien se rio de ti y luego te dolió más de lo que dijiste?
- ¿Qué tipo de amigo quieres ser: el que sube la escalera empujando o el que tiende la mano?
- ¿Quién ha sido valiente alguna vez contigo? ¿Lo recuerdas aún?

EL CÍRCULO DE LO QUE SUMA Y LO QUE RESTA

Dibuja un círculo grande y divídelo en dos mitades.

- En un lado escribe «Cosas que **suman** en una amistad o grupo» y, en el otro, «Cosas que **restan** o hacen daño».
- Piensa y escribe ejemplos reales:
  - Para las cosas que **suman**: invitar a compartir un plan, ayudar, escuchar, defender, pedir perdón.
  - Para las cosas que **restan**: motes que duelen, empujar de broma, ignorar, reírse cuando alguien sufre.

- Rodea con un color lo que tú haces más.
- Elige una cosa para mejorar esta semana.

- Invita a papá y a mamá a hacer el ejercicio contigo:
  - Pregúntales qué cosas que **suman** se les ocurren.
  - Tal vez tu papá y tu mamá también tienen alguna historia de este tipo que no les gustase. ¿Crees que te la contarían? ¿Qué has aprendido al escucharlos?

Muchas de las bromas que hieren no aparecen solo en el cole, también las vemos en pantallas, series, vídeos o juegos donde ciertos modelos se repiten una y otra vez. ¿Cómo afecta lo que vemos a lo que pensamos sobre ser chico? Vamos a ponernos nuestras gafas críticas en la siguiente sección.

4

LO QUE VEMOS Y LO QUE APRENDEMOS

Capítulo 9

Lo que vemos también educa

«TODO LO QUE SALE EN LAS PANTALLAS ES UN BUEN EJEMPLO».

Cada día, sin darte cuenta, ves montones de imágenes: pelis, dibujos, series, videojuegos o redes. Y en casi todas ellas aparecen chicos. Chicos que salvan el mundo, ganan partidos imposibles, derrotan enemigos o hacen retos increíbles frente a la cámara. Pero... ¿alguna vez te has parado a pensar cómo son esos chicos? ¿Siempre son fuertes? ¿Siempre son valientes? ¿Siempre están guapos? ¿Siempre ganan?

Parece que solo existen ese tipo de chicos. Y si tú no eres así, si eres tranquilo, sensible, nervioso o diferente, tal vez empieces a pensar que algo va mal contigo. **Pero no es así.**

Lo que ves todos los días también te enseña cosas, aunque nadie te lo diga. Las imágenes que ves pueden convertirse en un espejo que te hace pensar cómo deberías ser. Y, a veces, ese espejo no refleja la realidad.

LO QUE APRENDEMOS SIN DARNOS CUENTA

Piensa en tus series o juegos favoritos. En muchos de ellos, los chicos:

- Lo resuelven todo con peleas.
- Nunca muestran ni tristeza ni dudas.
- Siempre quieren ganar, cueste lo que cueste.

- Muestran fuerza, pero no ternura.
- Mandan o toman las decisiones.
- Apenas hablan de lo que sienten.

Y, claro, si ves eso una y otra vez, acabas creyendo que todos los chicos deben comportarse así. Como si solo existiera un modelo posible. Sin embargo, el mundo real no funciona de esta manera. En la vida de verdad, los chicos también tienen días buenos y días malos, se equivocan, lloran, piden ayuda, se sienten tristes o alegres, o simplemente no saben qué hacer. Y eso está bien. De hecho, eso es lo normal.

El problema es que la tele, los videojuegos o los vídeos que ves en las redes a veces muestran solo una parte pequeña de lo que significa ser chico. Y, cuando solo ves una parte, dejas de conocer el todo.

LO QUE LE PASÓ A TOMÁS

A Tomás le encantaba una serie en la que el protagonista era un héroe invencible. Siempre se mostraba fuerte, siempre estaba serio, siempre tenía cara de que nada podía afectarle. Nunca lloraba, nunca pedía ayuda y, si perdía, enseguida encontraba una forma de vengarse y «recuperar su honor».

Tomás quería ser como él. Empezó a hablar menos, a esconder sus emociones cuando estaba triste y a aguantar las cosas sin contarlas. Cuando se enfadaba o algo le dolía, se metía en su habitación y se ponía los cascos.

No quería que nadie lo viera llorar.

Pero, un día, su hermana pequeña le enseñó una película diferente.

El protagonista era un chico normal que había perdido a su perro. Durante gran parte de la historia, el chico estaba triste y recordaba los paseos, los juegos y los ratos tranquilos que había pasado junto a su perro. No peleaba, no gritaba, no intentaba olvidar lo que sentía. Simplemente estaba triste, y esa tristeza le hacía recordar cuánto había querido a su mascota.

En lugar de rendirse, decidió crear algo para no olvidarlo: construyó una casita en el jardín con fotos, un cuenco y una placa con el nombre del perro. Luego ayudó a otros niños del barrio que también habían perdido a sus mascotas a hacer lo mismo. Al final, el chico no se convirtió en un héroe porque ganara o peleara, sino porque usó su tristeza para cuidar de los demás.

Tomás se quedó callado cuando acabó la peli. Por primera vez, pensó que la tristeza no era algo que había que esconder, sino algo que podía enseñarte cosas importantes: lo que amas, lo que echas de menos, lo que valoras de verdad.

Esa noche, recordó a su abuelo, que había muerto hacía tiempo. Sintió que lo echaba de menos y se permitió llorar un poco. Después, escribió en una hoja: «No quiero olvidar lo que me hace sentir triste. Quiero aprender de ello».

Desde entonces, Tomás siguió viendo la serie de su héroe favorito, pero también buscaba historias distintas donde los personajes no escondieran lo que sentían. Y, cada vez que alguien le preguntaba por qué le gustaba esa nueva peli, respondía:

—Porque en esa historia, el chico gana sin pelear.

LAS GAFAS CRÍTICAS PARA VER LA PANTALLA

¿Recuerdas aquel videojuego en el que solo podías jugar con personajes que parecían siempre iguales? Chicos fuertes, valientes, que nunca lloran y que solucionan todo con fuerza o peleas. Si los ves muchas veces, empiezas a creer que así debería jugarse la vida.

Por eso, dentro de tu caja de herramientas hay algo muy importante: unas gafas críticas. Cuando te las pones, no cambian los colores de la pantalla, pero sí lo que ves: te ayudan a fijarte en los mensajes ocultos del videojuego. Con ellas puedes preguntarte:

- ¿Por qué este personaje nunca muestra tristeza?
- ¿Por qué solo se valora ganar o pelear?
- ¿Esto me hace sentir bien conmigo mismo?
- ¿Sería igual si fuera una chica?

De pronto, entiendes que algunos niveles del videojuego están mal diseñados: repiten estereotipos, muestran solo un tipo de chico y esconden muchos poderes reales como la empatía, la creatividad o la calma.

Las gafas críticas no sirven para juzgarlo todo, sino para elegir con qué te quedas. Con ellas descubres que tú no eres un personaje de pantalla, eres el jugador y puedes decidir cómo quieres jugar tu propia historia.

EL LABORATORIO DE LAS PANTALLAS

Imagina que tienes tu propio laboratorio secreto. No de pociones ni de explosiones, sino de ideas. Un lugar donde puedes analizar todo lo que ves y decidir qué te sirve y qué no. En el laboratorio hay tres frascos transparentes:

Frasco 1: «Lo que me gusta»

Ahí puedes guardar todo lo que te inspira de lo que ves: personajes que ayudan, que escuchan, que tienen sentido del humor, que se esfuerzan, que se caen y se levantan.

Frasco 2: «Lo que me hace dudar»

Aquí guardas cosas que hacen que te cuestiones ciertos comportamientos, como cuando ves que alguien gana humillando a otro o que solo se valora la fuerza o que parece que los chicos no pueden mostrar emociones.

Frasco 3: «Lo que no quiero copiar»

Aquí va lo que te hace sentir mal: violencia sin sentido, insultos, burlas, ideas que hacen daño o que hacen creer que ser chico es tener poder sobre los demás.

Cuando veas la tele, vídeos o juegues, tu misión como científico es observar, comparar y decidir. No hace falta romper la pantalla, sino mirarla con más inteligencia. Puedes anotar tus descubrimientos en un cuaderno, como los exploradores. Dedica una página a cada frasco del laboratorio y ve apuntando lo que ves para clasificarlo en el frasco correspondiente.

Así, poco a poco, estarás creando tu propia receta de lo que significa ser chico, sin copiar fórmulas viejas.

QUÉDATE CON ESTO

Ser tú mismo no se aprende mirando pantallas. Se aprende **mirando hacia dentro**.

Todo lo que ves en series, en juegos, en redes o en anuncios te está contando cosas sobre cómo alguien cree que deberías ser. Pero tú tienes el poder de elegir con qué quedarte. Puedes pensar, dudar, preguntar e imaginar algo mejor. Ser un chico no es ser un personaje. No tienes que actuar todo el tiempo ni parecerte a nadie más.

Lo importante no es ser el héroe que gana, sino el que aprende, cuida, escucha y crea. El mundo necesita muchos tipos de chicos diferentes.

Y, cada vez que decides ser tú mismo, ayudas a que otros se atrevan también a serlo.

MODO REFLEXIÓN ACTIVADO

- ¿Qué personajes masculinos te gustan? ¿Por qué?
- ¿Hay alguno que te haya hecho sentir que tenías que ser distinto?
- ¿Qué tipo de chicos o chicas te gustaría ver más en pelis, series o juegos?
- ¿Alguna vez imitaste algo que viste en pantalla y luego pensaste que no te hacía sentir bien?
- ¿Qué pasaría si en tus series favoritas todos pudieran ser como son y no tuvieran miedo a que se rieran de ellos?

¿PASAMOS A LA PRÁCTICA?
MIS GAFAS CRÍTICAS

Dibuja unas gafas grandes en una hoja y dentro de los cristales escribe tres preguntas que te gustaría hacerte cada vez que veas una serie, un vídeo o un anuncio.

Algunos ejemplos:

- Si yo actuara así con mis amigos, ¿les haría sentir bien o mal?
- ¿Qué pasaría si todos pensaran que solo vale ganar o ser el más fuerte?
- ¿Cómo me sentiría yo si alguien se burlara de mí como han hecho en esta historia?
- ¿De qué forma podría actuar el personaje sin hacer daño a nadie, incluido él mismo?
- ¿Qué podría aprender de este personaje, aunque se equivoque?

Después, en el reverso de la hoja, dibuja o escribe **qué tipo de personaje te gustaría ser a ti** si estuvieras dentro de una serie o un videojuego.

- ¿Qué cosas harías diferentes?
- ¿Qué valores querrías mostrar?
- ¿Cómo tratarías a los demás personajes?

Guarda tus gafas críticas en tu carpeta o cuaderno. La próxima vez que mires una pantalla, recuérdalas. Verás que todo cambia cuando aprendes a mirar de otra forma.

Y, aunque lo que vemos en las pantallas influye, hay un lugar que nos enseña aún más casi sin que lo notemos: nuestra casa. Allí aprendemos quién cuida, cómo se reparten las tareas y qué significa formar parte de un equipo. Vamos a mirar eso más de cerca.

Capítulo 10

En casa también se aprende

«LAS TAREAS DE CASA NO SON COSA DE CHICOS».

En todas las casas hay cosas que hacer: recoger trastos, poner la mesa, preparar la mochila, cuidar de una mascota, tender la ropa o hacer la comida.

Aunque no lo parezca, todo eso tiene un nombre: tareas domésticas. Es decir, son todas las cosas que hacen que una casa funcione: que haya ropa limpia, comida lista, platos ordenados, camas hechas, plantas cuidadas y un espacio agradable para vivir. Sin estas tareas, las casas se detienen. Sin embargo, muchas veces las tareas son **invisibles**.

Pero lo curioso es que esas tareas parecen tener nombre propio:

- «Esto lo hace mamá».
- «Esto lo hace papá».

Y, así, parece que algunas personas tienen que hacerlo todo, mientras que otras solo «ayudan» de vez en cuando.

Ojo: cuidar, cocinar o limpiar no son favores. Son cosas que mantienen la casa viva y hacen que todos estén bien. Ayudar en casa no significa hacer algo extra, sino hacerse cargo de lo que también es tuyo.

Y eso vale para todos: niños, niñas, madres, padres, abuelos y abuelas.

Durante muchos años, la mayoría de la gente pensaba que las mujeres debían encargarse del hogar. No porque lo eligieran, sino porque se esperaba eso de ellas. Mientras los hombres salían a trabajar, las mujeres se ocupaban de todo lo demás: limpiar, cocinar, cuidar a los niños, recordar los cumpleaños, comprar la comida, hacer la colada, pensar qué faltaba en casa, preparar mochilas, cuidar de los abuelos...

Era tanto lo que hacían que a veces ni siquiera quedaba tiempo para descansar o pensar en sí mismas. Y lo peor es que, aunque trabajaran mucho, **nadie llamaba a eso trabajo**.

La idea de que las mujeres cuidan y los hombres trabajan se repitió durante generaciones. Y muchos niños crecieron viendo a sus madres cansadas pero sonrientes, como si fuera lo normal. Pero no lo es. No es justo que solo una persona cargue con todo. No es sano que unos se relajen mientras otros no paran.

Hoy sabemos que una casa no se mantiene por arte de magia, se mantiene gracias al **esfuerzo compartido**. Y, cuando ese esfuerzo se reparte, todos viven mejor.

Cuando la madre de Marcos era pequeña, en su casa siempre escuchaba lo mismo:

—Las mujeres son las que cuidan.

Ella veía a su madre encargarse de todo: la ropa, las comidas, los deberes, los cumpleaños, las visitas, las notas del cole... Y a su padre lo veía llegar cansado, sentarse y decir:

—Hoy he trabajado mucho, me lo merezco.

De pequeña pensaba que así eran las cosas. Pero, cuando creció, se dio cuenta de que no era justo. Porque cuidar y organizar una casa también es trabajo y ella también podía salir fuera a trabajar mientras su marido se quedaba en casa. Por eso, cuando formó su propia familia con su pareja, decidió que su hogar sería distinto. Que las responsabilidades no tendrían nombre. Y que su hijo crecería viendo a su padre cocinar, limpiar y cuidar, no «ayudar».

RECETA DE LA CASA PERFECTA (SEGÚN ALGUNOS...)

Ingredientes:

- 2 tazas de mamá haciéndolo todo
- 1 cucharada de papá diciendo: «Ya lo hago luego»
- Unas pizcas de «Eso es cosa de mujeres»
- Media taza de niños jugando mientras otros trabajan
- Y una buena ración de cansancio y enfado cuando llega el final del día

Resultado:

Una casa desequilibrada, donde unos se agotan y otros ni se enteran de cómo se está haciendo todo. Sale templada, sin risas y se enfría rápido.

PERO EXISTE OTRA RECETA... LA CASA DEL EQUILIBRIO

Ingredientes:

- 1 vaso grande de trabajo compartido
- 3 cucharadas de responsabilidad sin que nadie lo pida

- 2 puñados de cariño y respeto
- Una pizca de «Yo lo hago hoy, tú lo haces mañana»
- Un toque de humor para los días difíciles

Resultado:

Una casa que no se cae, que respira, que huele a calma. Donde todos comen del mismo plato de tranquilidad. Las casas perfectas no son las que están siempre limpias, sino aquellas en las que se cuidan entre todos.

LO QUE LES PASÓ A CLARA Y A MARCOS

Clara y Marcos eran amigos desde que iban al parque de pequeños. Vivían en el mismo edificio y cada uno tenía una familia muy diferente.

En casa de Clara, las cosas se hacían entre todos. Su madre era enfermera y trabajaba muchas horas en el hospital, así que su padre se encargaba de llevarla al cole por las mañanas, de hacer la compra y de cocinar. A veces sus padres se turnaban para limpiar o para hacer la cena. Y, si algo se olvidaba, nadie se enfadaba: se hablaba, se organizaban y lo hacían juntos. Clara creció sabiendo que cuidar la casa era cosa de todos, no de uno solo.

En casa de Marcos, era distinto. Su madre lo hacía casi todo. Preparaba los desayunos, limpiaba, ayudaba con los deberes, lavaba la ropa, cocinaba y todavía encontraba tiempo para preguntar cómo estaban los demás. Su padre trabajaba fuera y decía que él ayudaba cuando podía. A veces ponía el lavavajillas o barría un poco, pero solo si se lo pedían.

Un domingo por la mañana, Marcos estaba jugando. Mientras tanto, su madre iba de un lado a otro, recogiendo platos y ropa. Su padre leía las noticias en el sofá. De repente, la madre soltó un suspiro muy largo y dijo:

—No he parado en toda la mañana.

—¿Quieres que te ayude? —preguntó el padre levantando la vista.

Ella lo miró y contestó tranquila:

—No quiero que me ayudes. Quiero que te encargues de algo sin que yo te lo diga.

Marcos se quedó callado. No entendía bien qué significaba eso. Pero luego vio que su padre se levantaba, dejaba el móvil y decía:

—Vale, yo me ocupo de la comida. Y de poner la lavadora también.

Después, se giró hacia Marcos y le preguntó:

—¿Quieres venir conmigo?

Marcos dudó un momento, pero al final fue.

Mientras cocinaban, su padre aprovechó y le explicó cómo organizar las diferentes tareas en casa, cómo revisar la nevera y el congelador y cómo fregar lo que se ensucia sin esperar a que otro lo haga.

Luego separaron la ropa blanca de la de color y pusieron la primera en la lavadora. Y le dijo algo que Marcos no olvidó:

—Tu madre y yo vivimos en la misma casa, así que los dos somos responsables. Y tú también.

Cuando terminaron de cocinar, la madre de Marcos entró en la cocina y sonrió. No porque la comida oliera bien (que sí), sino porque la casa, por fin, se sentía más ligera. Esa tarde jugaron todos juntos, sin prisas, sin discusiones, sin ese cansancio que siempre flotaba. Y Marcos, justo antes de irse a dormir, pensó que cuidar juntos hacía que el día pareciera más feliz para todos.

MODO REFLEXIÓN ACTIVADO

- ¿Has visto si alguien de tu familia se ha sentido mal por tener que hacer muchas cosas en casa?
- ¿Es muy difícil recoger los juguetes? ¿Crees que puedes hacerlo más a menudo?

QUÉDATE CON ESTO

No siempre es agradable tener que recoger, limpiar y cuidar lo que está en casa o en clase. Pero es necesario para que convivamos mejor. No es justo que solo se encargue una persona cuando la responsabilidad de hacer un mundo mejor es de todos y de todas. Trata de cuidar tu entorno, pues a la vez estás cuidando a las personas que te rodean, pero también a ti.

¿PASAMOS A LA PRÁCTICA?
EL RETO DE LOS DIEZ MINUTOS

Durante un día, elige un momento cualquiera para hacer este reto. Dedica diez minutos seguidos a fijarte en las cosas que ocurren en casa sin que nadie pida nada: quién recoge, quién prepara algo, quién organiza, quién cuida, quién piensa en lo que falta.

Paso 1: observa sin intervenir

- ¿Qué tareas ves que hay que hacer?
- ¿Quién las lleva a cabo?
- ¿Quién se podría ocupar de ellas también?

Paso 2: elige tu acción

Decide una sola tarea que tú puedas asumir sin que nadie te la pida y hazla sin anunciarlo a nadie.

- Doblar la ropa.
- Poner la mesa.
- Revisar tu mochila del cole.
- Sacar la basura.
- Recoger algo que no es tuyo.
- Ordenar un rincón pequeño (un cajón, un estante, el escritorio).

Paso 3: mañana repite

Al día siguiente, repite la misma tarea o haz una nueva. Observa cómo te sientes cuando construyes y compartes.

Capítulo 11

Los chicos también cuidan

«CUIDAR ES TRABAJO DE CHICAS».

MIRANDO A NUESTRO ALREDEDOR

Si te fijas, en casi todas partes hay alguien que cuida. Las profes cuidan de sus alumnos. Las enfermeras cuidan de los enfermos. Las madres cuidan de sus hijos. Las abuelas cuidan de todos.

Pero, aunque hay muchos hombres que también cuidan, parece que lo hacen de otra manera. A veces los vemos cuidando con gestos más grandes: arreglando algo que se rompió, protegiendo a alguien, enseñando a montar en bici o buscando soluciones cuando hay un problema.

Es una forma de cuidado diferente, más práctica, más de acción. Sin embargo, hay otra parte del cuidado, la que tiene que ver con escuchar, acompañar o atender las emociones y a la que muchos hombres no se han sentido invitados. Durante mucho tiempo, se creyó que esas cosas eran de mujeres y muchos hombres crecieron sin que nadie les dijera que también podían cuidar así: con calma, con ternura, con palabras. No porque no quisieran, sino porque **no lo aprendieron**. Y a cuidar, igual que a cocinar, leer o montar en bici, **se aprende**.

Por eso, cuando hoy un padre se sienta a leer con su hijo, un entrenador escucha a un jugador triste o un hermano consuela a su hermana, están haciendo algo muy importante: están ampliando la idea de lo que significa cuidar siendo hombre.

Cuidar no es solo trabajar o proteger, tampoco es solo limpiar o cocinar. Cuidar es **todo eso junto**: es estar, mirar, sostener, compartir y querer bien. Todos los cuidados se mezclan: el que pone el desayuno también muestra amor y el que enseña a montar en bici también cuida. Y da igual quién lo haga.

Y ahí está el verdadero equilibrio. Cuando todos aprendemos a cuidar en todas sus formas, las visibles y las invisibles, la carga se reparte, las personas se entienden mejor y las casas, las escuelas y el mundo entero respiran distinto. Porque cuidar no tiene una sola manera; tiene tantas como personas hay dispuestas a hacerlo.

Pero esto no ha pasado en todas las familias y por eso muchos niños crecen sin tener ejemplos claros de cuidado masculino. Aprenden a ver a los hombres trabajando, mandando o arreglando cosas, pero pocas veces cuidando.

Y eso tiene un efecto. Los niños aprenden que su papel es hacer cosas que consideran grandes y que ellas se encargan de las que se consideran pequeñas. Aprenden que cuidar es ayudar un poco o portarse bien, cuando en realidad es mucho más que eso. Y ahí está el problema. Si nadie te enseña a cuidar, parece que no te toca. Pero cuidar también es cosa de chicos. Y, cuando los chicos cuidan, el mundo se equilibra.

¿QUÉ ES CUIDAR DE VERDAD?

Cuidar no es echar una mano. Tampoco es hacer un favor cuando alguien te lo pide. Cuidar es **ocuparse de algo o de alguien con responsabilidad y cariño**. Cuidar es mirar a tu alrededor y ver lo que hace falta. Es tener los ojos despiertos y las manos listas.

Cuidar puede ser poner la mesa sin que te lo pidan, darle de comer a tu mascota, acompañar a tu abuela cuando va al médico o guardar silencio si alguien necesita descansar. Cuidar también puede ser prevenir: ver algo que hace falta y hacerlo antes de que alguien se canse o se enfade. Por ejemplo, si ves que el cubo de basura está lleno, cambia la bolsa y saca la basura. Si notas que un compañero está triste, pregúntale cómo está. Si alguien se cae, no te rías, acércate por si necesita ayuda.

No es solo una tarea, es una forma de mirar el mundo. Una manera de decir: «Esto me importa y me hago cargo».

¿POR QUÉ A VECES LOS CHICOS NO CUIDAN?

Durante mucho tiempo, a los chicos no se les enseñó a cuidar. No porque no pudieran hacerlo, sino porque nadie les mostró cómo se hacía. Veían a las mamás, las abuelas y las profesoras cuidar y a los hombres trabajando fuera, arreglando cosas o tomando decisiones, pero casi nunca cuidando personas.

Así que crecieron pensando que cuidar no era lo suyo. Y muchos, cuando lo intentaban, se sentían torpes, como si fueran a hacerlo mal. Algunos pensaban:

- «Si doy un abrazo, se van a reír».
- «Si ayudo en el cuidado, seguro que lo hago mal».
- «Mejor que lo haga ella que sabe».

Pero nadie nace sabiendo cuidar. A cuidar se aprende practicando: mirando, escuchando, probando, equivocándose y volviendo a intentarlo. Y, cuanto antes lo practiques, mejor se te da.

Por eso es importante ver a hombres cuidando. Cuando ves a tu padre cocinar, a tu tío atender a su hijo o a tu entrenador preguntar cómo te sientes, entiendes que cuidar también forma parte de ser un buen hombre. Los niños que ven a los adultos cuidar aprenden que cuidar te hace más humano.

LO QUE LES PASÓ A MATEO Y A SU ABUELO

Mateo solía pensar que cuidar era aburrido. Su abuelo siempre le pedía que ayudara, pero él respondía:

—Eso lo hace mamá, yo no sé.

Un día, su abuelo se cayó y tuvo que usar muletas durante unas semanas. Mateo lo veía intentar levantarse del sofá o llevar un vaso de agua sin poder usar bien las manos. Al principio no hacía nada, hasta que una tarde vio que su abuelo casi se cae. Corrió a sostenerle y le dijo que él lo ayudaría.

Desde ese día, empezó a acompañarlo: le alcanzaba el mando, le abría la puerta, le contaba cómo había ido el cole. Y a veces simplemente se sentaba con él a mirar la tele o a charlar. Una tarde, su abuelo le dijo con una sonrisa:

—Mateo, estás aprendiendo algo muy importante. No todos los chicos saben cuidar.

Mateo nunca había escuchado eso. Y comprendió que cuidar no era de chicas, era de personas que se preocupan.

Cuando su abuelo mejoró, siguieron pasando tiempo juntos. A veces cocinaban o regaban las plantas. Y Mateo sentía que era parte de algo bueno: cuidar y dejarse cuidar. A partir de entonces, cuando alguien le decía que ayudaba, Mateo pensaba: «No estoy ayudando, estoy cuidando». Y se sentía más útil, más grande por dentro.

MODO REFLEXIÓN ACTIVADO

- ¿Cómo te sientes cuando ayudas a los demás?
- ¿Te sientes mejor cuando tus amigos te ayudan?
- ¿Cómo crees que puedes cuidar más a las personas de tu entorno? Háblalo con ellas.
- ¿Dónde has visto a chicos que ayudan a los demás? ¿Qué piensas de ellos?

QUÉDATE CON ESTO

Cuando un chico aprende a cuidar, está aprendiendo algo para toda la vida: cómo trabajar en equipo, cómo ser empático, cómo mirar más allá de sí mismo.

Los hombres que cuidan de pequeños son los que de mayores no esperan que otros lo hagan todo por ellos. Saben preparar la cena, consolar a un amigo, cuidar a un hijo y también dejarse cuidar cuando lo necesitan.

Cuidar no te quita fuerza, **te da equilibrio**. Los chicos que aprenden a cuidar son más pacientes, más atentos y más felices, porque descubren que hacer sentir bien a los demás te hace sentir bien a ti.

¿PASAMOS A LA PRÁCTICA?
LOS GUARDIANES DE MI MUNDO

Durante un día, elige una misión de cuidado que puedas hacer sin anunciarla y sin esperar nada a cambio. Por ejemplo:

- Escuchar de verdad cuando alguien te hable.
- Ayudar a un familiar cansado sin que te lo pida.
- Acompañar a alguien que parece triste o solo.
- Preguntar «¿Necesitas algo?» y cumplirlo.

Paso 1: elige tu misión

Piensa qué misión encaja mejor contigo hoy.

Paso 2: hazla en silencio

Hazla sin decir «Mira lo que hago» ni «Ya lo he hecho». El cuidado real no necesita aplausos.

Paso 3: reflexiona un momento

Al final del día, respóndete en voz baja:

- ¿Cómo me he sentido haciendo esto?
- ¿Qué ha cambiado en el ambiente?
- ¿Qué herramienta de mi caja he usado?

A estas alturas, ya has visto que ser chico no va ni de fuerza ni de dureza ni de competición, sino de sentir, cuidar, respetar y construir relaciones sanas. Todo lo que has aprendido hasta ahora forma parte de un camino que apenas empieza. El último capítulo es una invitación a mirar hacia delante y decidir qué tipo de chico y qué tipo de persona quieres ser.

5

EL VIAJE CONTINÚA

Capítulo 12

Has llegado al final

Has llegado hasta aquí. Eso ya dice algo de ti. Tal vez has leído este libro porque alguien te lo dio, porque te picaba la curiosidad o porque querías entenderte mejor. Sea como sea, ahora sabes algo importante: ser chico no tiene una sola forma. No es una receta fija ni un disfraz que debas ponerte para encajar. Es un camino que se construye mientras creces, aprendes y decides qué tipo de persona quieres ser.

Antes quizá pensabas que ser chico significaba ser fuerte, no llorar, aguantar, reírte de las bromas aunque duelan, no hablar de tus sentimientos, competir, ganar o parecer duro, aunque por dentro estuvieras roto. No es culpa tuya. Durante mucho tiempo, a muchos niños se les enseñó que esa era la forma correcta de ser hombre. Pero ahora ya sabes más. Ya has descubierto otras maneras de estar en el mundo.

TODO LO QUE LLEVAS EN TU MOCHILA

Imagina todo lo que has aprendido en estos capítulos como cosas que has ido guardando en tu caja de herramientas. Al principio, quizá solo había espacio para ser fuerte, aguantar, no llorar o no mostrar miedo. Pero, capítulo a capítulo, la caja se ha ido llenando de herramientas nuevas y has aprendido muchas cosas:

- Que **no hay una sola manera de ser chico**.
- Que **tener sentimientos no es un error** y que las emociones cumplen una función: la tristeza te avisa de que necesitas apoyo, la alegría une, el miedo te cuida, la rabia te dice que algo no es justo.
- Que **cuidar también es cosa de chicos** y que cuidar no es ayudar de vez en cuando, sino hacerse responsable.
- Que **no tienes que encajar en todo**, porque ser diferente no te hace menos, te hace único.
- Que **ser valiente no es pelear**, sino atreverte a ser tú, a hablar, a pedir ayuda, a decir «no» cuando algo está mal.
- Que **lo que vemos (series, redes sociales, juegos) también educa** y por eso debes mirar con ojos críticos y no creerte todo lo que aparece en una pantalla.

- Que **los amigos no se construyen con burlas**, sino apoyándose, escuchándose y cuidándose.
- Que **en casa también se aprende a ser hombre**, observando quién cuida, quién se encarga, quién se da cuenta de lo que hace falta.
- Que **tu cuerpo, tus gustos y tus formas de sentir no te hacen menos chico**, solo te hacen tú.

Ahora tu caja de herramientas tiene otras palabras: respeto, empatía, humor sano, responsabilidad, libertad, escucha, cuidado, valentía real, pensamiento crítico. Y lo mejor de todo: tú decides cuáles eliges usar cada día.

¿Y SI ME EQUIVOCO?

Te vas a equivocar. Todos nos equivocamos. Dirás cosas que duelen. Te quedarás callado cuando querrías hablar. Te reirás cuando alguien se caiga, quizá por seguir al grupo. Habrá días en los que no te reconozcas. Y está bien.

Ser un chico diferente no significa ser perfecto. Significa **intentar mejorar**. Significa parar, pensar, pedir perdón cuando hace falta, reparar si has hecho daño y aprender. Equivocarse no te hace débil, te hace humano. Lo importante es lo que haces después.

¿Y SI LOS DEMÁS NO LO ENTIENDEN?

Puede que algunos se burlen de ti y te digan: «Qué blando eres», «No seas exagerado» o «Eso es de chicas». Habrá quienes prefieran que todo siga igual, porque cambiar da miedo.

Pero recuerda: alguien tiene que empezar. Cuando tú decides no reírte de alguien, otros se animan a seguirte. Cuando decides cuidar en lugar de mirar hacia otro lado, otros se inspiran. Cuando dices lo que sientes sin gritar, alguien piensa: «Yo también puedo decirlo».

Ser tú mismo a veces cuesta. Pero no estás solo. Hay muchos chicos, más de los que imaginas, que también están cansados de fingir, de competir todo el tiempo y de actuar como si nada les afectara. Muchos quieren un mundo más tranquilo, más justo, más humano. Y tú puedes ser uno de ellos.

LO QUE VIENE AHORA

Este libro no te dice cómo debes ser. Te ofrece un mapa, no un destino. Recorrerlo es cosa tuya. A partir de ahora, podrás:

- Elegir con qué **te quedas** y qué decides **dejar atrás**.
- **Cuestionar lo que no te hace bien**, aunque venga del grupo o de una justificación como «Siempre ha sido así».

- Cuidar a los demás **sin tener miedo** de parecer débil.
- **Aprender a cuidarte a ti mismo**, porque no puedes cuidar si estás roto por dentro.
- **Aceptar que sentir no es lo contrario de ser fuerte**, sino parte de la fuerza verdadera.
- **Ser ejemplo:** poner la mesa sin que te lo pidan, no reírte de alguien, pedir perdón o decir «Te quiero».

NO TIENES QUE HACERLO TODO SOLO

Aunque quieras cambiar, no tienes que convertirte en un héroe perfecto. Puedes pedirle ayuda a tu familia, a tus profes, a tus amigos o a quien te escuche. Puedes llorar, descansar, enfadarte y respirar. Las personas no están hechas para aguantar solas. Están hechas para vivir acompañadas.

Y no olvides algo importante: **también hay mujeres y chicas valientes que te acompañan en este camino**. Compañeras que se atreven a jugar, a hablar y a decir lo que piensan. Madres que luchan cada día para que sus hijos crezcan libres. Profes que escuchan. Amigas que cuidan. Ser chico no es estar en contra de las chicas. Es estar juntos, cada uno siendo quien es sin que nadie tenga que sentirse menos.

ACTIVIDAD FINAL
MI COMPROMISO CONMIGO MISMO

Esto no es un examen. Es una conversación contigo mismo.

1. En una hoja, escribe tu nombre en grande.

2. Debajo, escribe: **«Quién quiero ser como chico y como persona».**

3. Con todo lo aprendido en este libro, completa:

   - Quiero ser un chico que... escucha / respeta / cuida / se atreve a sentir / no se ríe de otros / comparte / sabe pedir perdón / se permite llorar / defiende a quien lo necesita / no trata de dominar.

4. Elige **tres cosas pequeñas** que te gustaría empezar a practicar. Por ejemplo:

    - «Voy a dejar de usar motes que hacen daño».
    - «Voy a colaborar en casa sin que me lo pidan».
    - «Voy a hablar cuando algo me asuste o me duela».

5. Guarda esa hoja en un lugar especial (tu cuaderno, tu cajón, tu mochila) para recordarte lo que quieres construir.

CIERRE

Este libro no se acaba cuando cierras la última página. Continúa en lo que haces cada día: en cómo hablas con tus amigos, en cómo tratas a tu familia, en las decisiones pequeñas que tomas, aunque nadie te vea.

Ser chico no es cumplir normas antiguas. No es ser perfecto ni duro todo el tiempo. Es ser persona: sentir, equivocarte, aprender, cuidar, respetar y volver a intentarlo. No tienes que saberlo todo ahora. Solo necesitas empezar. Hacer tu parte. Cambiar lo que puedas. Pedir ayuda cuando lo necesites.

El mundo no cambiará de un día para otro. Pero sí cambia un poco cada vez que alguien como tú decide tratar bien a los demás, pensar por sí mismo y ser quien es sin hacer daño. Este no es el final. Es el comienzo de cómo eliges ser. Gracias por llegar hasta aquí. Ahora el camino continúa contigo.

¿CÓMO ACOMPAÑAR A TU HIJO O ALUMNO DURANTE ESTA ETAPA?

Es importante que tengas presente tus propios estereotipos a la hora de dirigirte a él. Los niños son pequeñas esponjas que buscan imitarnos en todo, así que, si queremos que cambien las cosas, eso pasa por actuar nosotros también diferente. Evita frases del tipo: «Los hombres no lloran», «Los hombres son fuertes», «Esto es de niños y esto es de niñas».

En realidad, nada es de niños o de niñas y puedes acompañar a tu hijo o alumno de muchas maneras durante estos momentos difíciles. Permite que explore con curiosidad todo lo relacionado con lo opuesto a su género; los niños no tienen esa mirada tan sesgada y están explorando sin más. Nuestras acciones marcan el camino; si ven que todos cuidamos, todos escuchamos y resolvemos de forma sana los conflictos, buscarán hacerlo de la misma manera.

¿Y QUÉ PASA SI MI HIJO O ALUMNO VE UN MAL MODELO?

No pasa nada, están explorando. De todos modos, debemos explicarle que no todos los hombres son así, que a veces hay chicos y chicas que tienen ideas que pueden limitarlos o impedir que vivan con más libertad. Se trata de que vean más el beneficio de poder ser libres y elegir que hay otras formas de pensar.

¿Y QUÉ PASA SI A MI HIJO O ALUMNO LE GUSTA SER EL ESTEREOTIPO DE CHICO?

No pasa nada tampoco. Se trata más bien de que aprenda que hay múltiples formas de habitar la masculinidad y que estas se tienen que poner de acuerdo. No hay un modelo mejor que otro, el mejor modelo es el que se basa en el respeto y la igualdad, y en entender que cada uno puede construirse sin dejar de reconocer a los demás.

¿Y QUÉ PASA SI MI HIJO O ALUMNO SE EQUIVOCA O CAMBIA DE OPINIÓN MUCHAS VECES?

Es completamente normal. Está construyéndose y probando quién es, y en ese camino es esperable que dude, rectifique y cambie de opinión. Cambiar no es un fallo, es parte del proceso de crecer. Acompañar implica sostener sin corregir constantemente, confiar en que cada paso, incluso los que parecen contradictorios, forman parte de su aprendizaje.

¿Y QUÉ PASA SI COMO ADULTO NO SÉ SIEMPRE QUÉ DECIR O CÓMO ACTUAR?

No pasa nada. No necesitamos ser perfectos, sino honestos. Reconocer dudas, pedir perdón o aceptar que «Esto también lo estoy aprendiendo» enseña más que cualquier discurso. Educar también es mostrarse humano.

¿Y QUÉ ES LO MÁS IMPORTANTE QUE PUEDE LLEVARSE MI HIJO O ALUMNO DE TODO ESTO?

Que sepa que es querido tal y como es, que tiene derecho a sentir, a expresarse y a elegir. Cuando un niño crece sabiendo que su valor no depende de encajar en un molde, tiene más herramientas para construir relaciones sanas, respetuosas y libres.